四特 教育系列丛书 SITEJIAOYUXILIECONGSHU

学生人格教育

萧 枫　姜忠喆◎主编

特约主编：　庄文中　龚　玲

主　编：　萧 枫　姜忠喆

编　委：　孟迎红　郑晶华　李　菁　王晶晶　金　燕

　　　　　刘立伟　李大宇　赵志艳　王　冲

　　　　　王锦华　王淑萍　朱丽娟　刘　爽

　　　　　陈元慧　王　平　张丽红　张　锐

　　　　　侯秋燕　齐淑华　韩俊范　冯健男

　　　　　张顺利　吴　姗　穆洪泽

　　　　　左玉河　李书源　李长胜　温　超

　　　　　范淑清　任　伟　张寄忠　高亚南

　　　　　王钱理　李　彤

吉林出版集团有限责任公司

图书在版编目(CIP)数据

学生人格教育／《"四特"教育系列丛书》编委会
编著． － － 长春：吉林出版集团有限责任公司，2012.4
　　("四特"教育系列丛书／庄文中等主编．班主任
治班之道)

　　ISBN 978 － 7 － 5463 － 8781 － 9

　　Ⅰ．①学… Ⅱ．①四… Ⅲ．①中小学生 － 个别教学
Ⅳ．①G632

　　中国版本图书馆 CIP 数据核字(2012)第 043988 号

学生人格教育

责任编辑	孟迎红　张西琳	
责任校对	赵　霞	
开　　本	690mm×960mm　1/16	
字　　数	250 千字	
印　　张	13	
版　　次	2012 年 4 月第 1 版	
印　　次	2018 年 2 月第 1 版 第 2 次印刷	
出　　版	吉林出版集团股份有限公司	
发　　行	吉林音像出版社有限责任公司	
	吉林北方卡通漫画有限责任公司	
地　　址	长春市泰来街 1825 号	
	邮　编:130062	
电　　话	总编办:0431 － 86012906	
	发行科:0431 － 86012770	
印　　刷	北京龙跃印务有限公司	

ISBN 978 － 7 － 5463 － 8781 － 9　　　　　　定价：39.80元

前　言

　　学校教育是个人一生中所受教育最重要的组成部分,个人在学校里接受计划性的指导,系统地学习文化知识、社会规范、道德准则和价值观念。学校教育从某种意义上讲,决定着个人社会化的水平和性质,是个体社会化的重要基地。知识经济时代要求社会尊师重教,学校教育越来越受重视,在社会中起到举足轻重的作用。

　　"四特教育系列丛书"以"特定对象、特别对待、特殊方法、特例分析"为宗旨,立足学校教育与管理,理论结合实践,集多位教育界专家、学者以及一线校长、老师们的教育成果与经验于一体,围绕困扰学校、领导、教师、学生的教育难题,集思广益,多方借鉴,力求全面彻底解决。

　　本辑为"四特教育系列丛书"之《班主任治班之道》。班主任是教师队伍的重要组成部分,是班级工作的组织者、班集体建设的指导者、学生健康成长的引领者,是思想道德教育的骨干,是沟通家长和社区的桥梁,是实施素质教育的重要力量。班主任工作是学校教育中极其重要的育人工作,既是一门科学,也是一门艺术。班主任工作既包括日常的教学管理,也包括班级文化建设。

　　本辑共20分册,具体内容如下:

　　1.《管好班干部》

　　班干部是班集体的核心,也是班级的"火车头",这个"头"带的好不好,马力足不足,直接影响到整个班级的运转。有了优秀的班干部队伍,班级各项工作就会顺利开展,班级面貌就会生机勃勃;反之,班级就是一盘散沙,集体就会涣散无力。因此,如何培养一支素质高、能力强的班干部队伍,显得尤为重要。本书对班主任如何管理好班干部进行了系统而深入的分析和探讨,并提出了解决这一问题的新思路、可供实际操作的新方案,内容翔实,教案丰富,对中小学班主任颇有启发意义。

　　2.《带班的技巧》

　　本书讲述的常见问题与解决策略,绝大多数来自新时期一线班主任的教育实践,因此,其实用性和可操作性是不言而喻的。同时.本书又不拘泥于就"问题"论"问题",而是透过现象看本质,善于引导新班主任们看到问题背后更深层次的东西,从而看得更远、想得更深、悟得更多。

　　3.《全能班主任》

　　优秀的班主任是如何炼成的? 他们的成长要经过多少道磨练? ……本书对优秀班主任成长必经的多项全能进行了深刻剖析与精彩演绎。

　　来自一线最真实的问题,来自一线最优秀班主任的"头脑风暴",来自全国著名班主任的点拨,使得本书在浩如烟海的班主任培训用书中脱颖而出。

4.《拿什么约束班主任》

班级是学校进行教育、教学工作的基本单位。班主任是班集体的组织者、教育者和指导者,是学校领导实施教育、教学计划的直接执行者,是指导团队开展工作的重要力量,是沟通学校、家庭、社会三结合教育渠道的桥梁。为了能更好地体现新课程改革对班主任工作的要求,进一步规范班主任工作的管理,明确班主任工作职责,促进班级工作的开展,建立良好的班风、校风,班主任教师除了在工作中讲究技巧性和艺术性外,还应该有严格的工作要求与便于实践操作的基本规范。

5.《班主任的基本功》

班主任工作十分繁杂,头绪很多,要想成为一名优秀的班主任,应当从事务堆中解脱出来,始终保持清醒的头脑,以明确自己的使命。本书全方位地阐述了新时期做好班主任应具备的各方面要素;它从班主任实际工作出发,从工作中出现的问题入手,再到详细地分析问题的成因,最后提出解决问题的方法、策略或建议。本书反映了我国新时期有关班主任工作的方针、政策的新动向,反映了班主任教育理念发展的新趋势,同时也反映了班主任工作实践活动的新发展。

6.《从细节入手》

班主任是班级的组织者、协调者、领导者和教育者,他是距离学生最近、与学生接触最多、对学生影响最大的老师。他的管理、他的教育影响的发挥在很大程度上取决于对教育细节的把握。细节虽小,却能透射出教育的大理念、大智慧。一个成功的班主任,一定是一个关注细节、善于利用细节去感染、教育和管理学生的人。

7.《班主任谈心术》

当前,青少年心理健康问题已成为全社会越来越关注的焦点。因青少年心理问题引发的违法犯罪等社会问题,也呈日趋上升的态势。现代教育的发展要求教师"不仅仅是人类文化的传递者,也应当是学生心灵的塑造者,是学生心理健康的维护者"。作为一班之"主"的班主任,能否以科学而有效的方法把握学生的心理,因势利导地促进各种类型学生的健康成长,将对教育工作的成败有决定性的作用。但是,面对性格迥异,出身、家庭等各有不同的学生,如何走进他们的心灵、倾听他们的心声、解决他们的思想问题?本书将一一为您解答。

8.《班主任治班之道》

班级是学校的基础"细胞"。班级管理搞好了,学校的教育、教学工作才会得以顺利。正如赫尔巴特所说:"如果不坚强而温和地抓住管理的缰绳,任何功课的教育都是不可能的。"可见班级管理工作是多么的重要。而班主任作为班级的组织者、管理者,做好班级的管理就成为班主任工作的重中之重。

9.《怎样开好班会》

主题班会可以锻炼学生的活动能力,开拓他们的眼界。如何设计好一场别开生面的主题班会,寓教于乐,从思想上和情感上润物无声,对学生起到特殊的教育作用,这本手册是您的最好选择。分类细,立意精,内容新,一册在手,开班会不愁!

10.《突发事件应对》

书中列举的大量真实生动的案例,无不充满智慧,充满心与心的交流。书中的一幕幕校园闹剧,让人有种似曾相识的感觉;书中老师的"斗智斗勇",让人感到耳目一新,由衷叹服,不禁感慨教育真是一门充满智慧的学问!

11.《学生人格教育》

本书从人格类型入手,对教师和学生的人格类型进行了划分;再结合大量实证研究和教学实践个案,提出了教师应如何巧妙地根据学生的心理类型,在全班教学的同时又针对类型差异,进行适应个别差异的教学和管理,以满足学生的需要来激发学生的学习兴趣,进而提高教学效率,使每个学生得到适合自己的发展。阅读本书,教师不仅能够掌握更有效的教学方式、让学生喜欢上学习、提高教学质量,而且能够对自己有更进一步的了解,有利于教师的自我成长。

12.《学生心理教育》

当前我国教育改革和发展面临的重大任务和时代主旋律,是全面实施和推进素质教育。素质教育的重要内容和目标之一,就是培养学生良好的心理素质,提高学生的心理健康水平。而要想培养和发展学生的心理素质,最重要的方法就是面对全体学生系统地开展心理健康教育。本书就是一本供中小学生心理健康教育用的书,有助于引导中小学生领悟到相关的理念、知识和方法。

13.《学生遵纪守法教育》

对广大青少年的遵纪守法教育应根据其认识水平,从纪律教育入手,让他们从小建立起规则意识。而且要明确所在学校的校规,所在班级的班规;要了解学校的各种制度。由学校的一些纪律制度,推而广之,让青少年对必要的社会公共秩序的规定也要有所了解。同时,要青少年明白人小也要守法。本书以青少年为主要读者对象,目的是让青少年读者感受到遵纪守法的必要性。

14.《学生热爱学习教育》

本书通过大量实例,深入浅出地剖析了动机的重要性和来源,教您如何激发学生投入学习的动机,怎样鼓励学生完成学习任务,还告诉您怎样及时遏制学生在课堂上的不当动机。掌握了激发学生学习动机的策略之后,您会发现,让学生都爱学习,已不再只是梦想,它正在慢慢变为现实。

15.《学生热爱劳动教育》

教育与生产劳动相结合是我党教育方针的重要组成部分,是我们坚持社会主义教育方向的一项基本措施。要搞好教育与生产劳动的有机结合,必须首先教育学生热爱劳动,使每个学生对劳动产生渴望,感到劳动是一种欢乐,是一种享受。当学生能从劳动中取得乐趣时,劳动教育才算获得成功。

16.《学生热爱祖国教育》

热爱祖国是中华民族的传统美德,是每个公民的神圣义务。"以热爱祖国为荣,以危害祖国为耻"不仅是一个普通的道德准则,也是公民的生活规范。爱国主义是维护中华民族大团结,促进社会大发展的主要精神动力,是中华民族最基本、最重要的传统美德。爱国主义,也是对自己祖国和人民的深厚感情。

17.《学生热爱社会教育》

构建社会主义和谐社会,必将为青少年健康成长创造一个优良的社会环境。同时,加强青少年社会教育,促进青少年健康成长,对于促进社会主义和谐社会建设,也具有十分重要的意义。社会的持续发展,持续和谐,在很大程度上取决于今天的青少年能否成为未来社会的合格成员,而培养合格的社会成员,仅靠学校教育、家庭教育是不够的,必须坚持学校教育、家庭教育和社会教育相结合。

18.《学生热爱科学教育》

当你们看着可爱的动画片,玩着迷人的电脑游戏,坐上快速的列车,接听着越洋电话的时候,……你可曾意识到科学的力量,科学不仅改变了这个世界,也改变了我们的生活,科学就在我们身边。科学技术的日新月异,使得科学不只为尖端技术服务,也越来越多地渗透到我们的日常生活之中,这就需要正处于青少年时代的我们热爱科学,学习科学。

19.《学生热爱环境教育》

我们不是从祖先那里继承了地球,而是从子孙那里借用了地球。宇宙无垠,地球是一叶扁舟,人类应该同舟共济。地球能满足人类的需要,但满足不了人类的贪婪。森林是地球的肺,我们要保护森林。水是生命的源泉,珍惜水源也就是珍惜人类的未来。拯救地球,从生活中的细节做起。对待环境的态度,表现着一个人的素质和教养。人类若不能与其它物种共存,便不能与这个星球共存。幸福生活不只在于衣食享乐,也在于碧水蓝天。

20.《学生热爱父母教育》

专家认为教育首先是让孩子"成人",然后再是"成才"。要弄清成绩、成人与成才三者的关系,谨防"热爱教育"缺失造成的心灵成长"缺钙"现象。对一个孩子健全人格的培养,最关键的要让他做到几点:热爱父母,能承受挫折、吃得起苦,有劳动的观念。热爱父母,才能延及热爱社会、热爱人生。

由于时间、经验的关系,本书在编写等方面,必定存在不足和错误之处,衷心希望各界读者、一线教师及教育界人士批评指正。

编者

目　录

第一章

学生完善人格教育的理论指导

1. 学生人格因素的形成和培养

中小学生处于可塑性最强的年龄阶段，是形成人格及人的基本素质的关键时期。一个人能否成才，首先取决于他是否具有足够的辨别客观事物真善美的能力，是否有良好的道德行为习惯及性格。学校教育，应首先是成人的教育，成人才能成才。

学生人格因素的形成

人的素质是个整体，而人格素质则是其根和主干，它决定着学生素质的发展方向。

当今的社会正处于社会转型期，社会上各种观念混杂、碰撞。社会生活中各种消极因素的影响，使一些已开始形成自己主见的初中生在不同程度上存在着人格上的缺陷。

比如，劳动观念淡薄。劳动习惯差，把自己看得过重，在处理个人与集体，自己与他人的关系中存在着较大的偏差，有些学生甚至缺乏最基本的社会责任感及道德感，对人无感激之心，做事不尽力，甚至漠不关心，对公共财物甚至自己的财物不知珍惜，不去注意克制自己言行。教师应当把学生的人格教育摆到重要的位置。

教师，应当分析影响人格形成与发展的各个因素。影响人格形成与发展的因素很多也很复杂，其中最主要的最不可忽视的应是社会影响、人际交往及课外生活的内容。在现代多元化的社会思潮及社会各种因素的影响下，由于学生自身发展的不成熟、辨别能力相对较差，模仿心理、流行心理、攀比心理较强，很易受到社会中消极因素的影响，这些影响主要从他们的人际交往圈中导入。古人云："学好千日不易，学坏一日有余。"如果教师不在这些方面加以注意和进行正确引导，会使教育效果出现偏差。

分析了人格素质形成的主要因素及影响，它形成的主要途径，在具体的教育中应注重提高人格素质教育的针对性及可行性。应注意根据学生的实际及个体特点找准人格教育的切入点，注重言传身教的结合、情理结合、学校、家庭、社会的结合，严格要求与关心爱护结合。切实帮助学生形成良好的人格素质。

（1）语言和身教结合。身教重于言传，强调教师的示范作用，教师在讲清道理的同时更需要教师的模范作用，初中生已具有了一定的辨别能力，如果他们对教师的德行、品性、能力不再信任，说得再多也是白费。教师能否用自身的人格力量去影响、感染学生，在人格教育中非常重要。

（2）情理结合。要让学生知晓做人的基本道理，让学生在思想上认同以后再加以行为上的引导，使他们在思想、行为上不断积累加强自己的人格素质。

（3）家庭、学校、社会结合。这里主要强调班主任要进行协调及时了解学生的思想、行为动态，及时教育。人格素质的教育和形成单靠学校、教师的教育管理是不够的，必须使各方面的教育力量（学校、家庭、社会）形成合力，才可能收到较好的效果。

（4）关心爱护严格管理相结合。学校的领导，教师及其他教育工作者在教育过程中要遵循知、情、意、行的心理规律，对学生进行人格素质的教育，在此过程中，必要的规范其行为的方式方法必不可少。严格管理并形成一个严格的约束机制可以促进学生形成良好的人格素质，同时也与学生的理解接受程度有关，严要严得合理、严得适度。让学生从心里感受到对他的关心和帮助而不只是表面的认同。严而有度，再加上和善，取得的效果才会好。

人格素质教育强调要使学生自觉表现出一定文化水准上的道德修养，在此基础上，学生才会成才，才有可能对社会做出贡献。

素质教育是指依据人的发展和社会发展的实际需要，以全面提高学生的基本素质为根本目的，以尊重学生主体和主动精神，注重开发人的智慧潜能，形成人的健全个性，提高人的自主能力和创造精神等主体性品质为根本特征的教育。主要内容包括：思想道德素质，科学文化素质，身体素质，心理素质和生活技能素质。中小学生的素质教育的培养目标是：通过中学阶段的教育培养，使中小学生学会做人，学会求知，学会劳动，学会生活，学会健体，学会审美，塑造健全的人格。统称之"人格教育"。

　　俗话说，没有教不会的学生，只有不会教的先生。也就是说，教师不但要教学生学会，更重要的是要教学生会学。不但会依据已知去探求未知，还要善于在已知和未知中去寻找探求未知的方法。要实现这一教学目标，单靠教师的传授是不够的，必须有学生的主动热情地参与，积极的实践，在反复的互动中，逐步取得教学成效。

　　目前，由于受多种因素的影响，或是成功的家长只顾忙事业，或是破裂的家庭无人照管，因而造成部分中小学生综合素质太低。这一部分学生进入学校，或是受家长的驱使，或是寻求个人的娱乐，或是为了混日子，蓄苗子，跟同龄人一起好玩。根本没把学校当成是学知识、增才干，修身养性，完善人格，造就人才的神圣殿堂。

　　他们没有求取真知的欲望，有的只是个人的兴趣和爱好；没有良好的求知习惯，有的只是个人随心所欲；更令人担忧的是，他们不懂得最起码的做人准则，缺少最基本的人格意识。既不尊重自己，也不尊重他人。这些人的心目中唯有他自己。平时表现：思想散漫，行为自由，言谈污秽，视校规校纪如儿戏，随意进出校园，上网吧，玩游戏，抽烟喝酒，玩异性朋友，无所顾忌，随意进出课堂，违反课堂纪律；课堂上，或睡觉，或聊天，或听音乐，或玩手机，看课外闲书；有些人甚至不拿出本节课的书本，老师追问，他能堂而皇之的说："早就丢了。"对老师布置的作业，或抄袭，或拖欠，或根本不予理睬。一句话，他们在学校，追求的是潇洒，浪漫。这样下去，不只是耽误了个人学习，而且直接干扰和影响了他人的学习与生活，影响了学校的正常教学秩序。

对此类学生的此类现象，学校除了依据校规校纪严肃处理之外，更重要的是要倚靠老师的循循善诱，加强对学生进行基本的人格教育。用人格教育来端正其思想，改变其恶习，规范其行为，转变其作风，逐步养成良好的行为习惯，进而培养整体的良好学风、校风，促进全体学生综合素质的提高。

学生人格因素的培养

（1）加强人权观念和法制观念的教育。学校作为教育机构，对学生的人格塑造乃是第一位的。人格，即做人的规格（资格和品格）。

首先就要让学生懂得做人的规格是什么，怎么做。国家早就为学校和学生制定了一系列法规制度和各种守则，提出了育人标准。

然而，当前少数中小学生因为家庭和社会的多种原因，他们没有养成遵守法规和守则的习惯，没有正确的荣辱观，缺少人权意识和法制观念，更不用说有自觉性了。他们有时借口未成年而无视做人的基本规格，做一些侵犯他人学习、工作和生活权利的事情，不以为耻，反以为荣。

这些就需要教育工作者时时刻刻不忘用社会主义的荣辱观和国家的法律制度对学生进行人格教育，在学生刚入校时是最佳时机。人权观念，即每个国家乃至每个人都应具有的维护自己和尊重他人生存、学习、休息、工作和发展等人生权利的观念。在国际上，被认为是意识形态领域的概念。其实它的意义是无处不体现的，任何场所，任何时候都应该既要维护自己的权利，也要尊重他人的权利。

这种人权观念应该从青少年时期就开始慢慢灌输，在学生中广泛宣传，培养维护人权的意识。让学生认识到，因个人的需要，而随意侵犯和损害他人的权利是非常错误的，是违法的行为。

这种教育必须是严格的，周密细心的和反复进行的。首先必须让学生明白，国家的法令制度，学校的校级班规都是为了维护所有同学的学习成长的权利的，都必须严格遵守这些规格的限制。然后就是教育管理者必须严格执行各种法规制度，不能形同虚设。对于个别学生已经了解了这些规格，而又故意违反，并且屡教不改的，学校应给与相应的惩处，以挽救本人，教育他人。

只有这样，学生的人格教育和法制观念才能逐步得到增强。然而，这种教育又必须是人性化的，用适合学生特点的教育方式和方法因材施教。使学生明白自己的一言一行该怎样做和不该怎样做，并善于经常检查自己的做人规格，监督并规劝别人端正做人规格，进而提升班级、学校的整体风格。

（2）发挥教育工作者的人格表率化作用。现在的中小学生，因为物质生活的优越，社会信息的畅通，虽还是未成年人，却自以为大道理什么都懂，小道理无所不知。对于教育者的空口说教，他们早就厌烦了。

因此，不管是家庭教育，还是学校教育，又特别是生源素质相对差异很大的民办学校的教育，都必须用人性化的仪表和人情味的话语去引导他们，感化他们。学校是育人的场所，就好比是炼矿的熔炉，没有一定的温度，原材料是不会被熔化的，也就无法铸造出合格的产品。所以，学校除了具备必要的育人环境和教学设备之外，更重要的是要有一支高素质的育人团队。作为这个团队的成员，必须具备优良的形象素质；高尚的教师风范；渊博的知识水准；较强的业务能力、表达能力、组织能力和相互协调的能力。更重要的是要有强烈的责任心和亲和力。教师被誉称为"人类灵魂的工程师"其作用是显而易见的。教师无论在什么时间或什么场合，用自己的人格魅力去感染学生，去融化学生，才是最重要的。在施教过程中，教师的人格魅力和言行举止是无声的示范。

教师要尊重学生，尊重学生，是"人情""人性""人权"教育的重要内容。尊重学生的利益，尊重学生的人格。再加上合情合理的人文引导，让这些学生懂得向老师学习怎样做人。在学生的心目中会永远保留教师的形象，并终生难忘。我们心目中不都保留有学生时代的教师形象吗？教师要让学生意识到学校、班级是学习和生活的集体，必须要有集体生活和学习的准则。个人是其中的一分子，必须遵守集体生活和学习的准则，用学生的标准来约束自己的言行。

意识到自己所处的环境中，还有他人的存在，不能单单以个人意志为中心，不要让个人的行为搅乱了这个集体。要把个人融入到这个集体之中去，做出对集体有益的事情。要教育学生学会尊重他人，尊重师长。意识到尊重别人就是尊重自己。只有这样长期的，无处不在的表率作用的感染，才可能让这些有师生之隔的学生渐渐接近教师，亲近教师，接纳教师，形成良好的育人氛围，实现育人目标，培养合格的人才。

（3）加强对中小学生的正面疏导。正面疏导，也就是强调在对学生进行教育时，要采用人性化的，富有人情味的教育方式。即"人格本位"的思想方法。中小学生作为未成年人，不管他身上存在多少毛病，而想做一个被世人所称赞而不愿被唾弃的好人的目标是共同的。因此，不管他们怀着怎样的动机进入学校，学校的教育工作者首先就要下最大的功夫，通过多种形式和方法把他们引向同一个方向。让他们理解学校的办学宗旨，办学理念，育人标准和行为准则等等都是为了让他们成为合格的人才。让他们明确学习目的，端正学习态度，下定改掉过去不良作风的决心，坚定做成功之人的奋斗目标。

比如说，有些同学来自条件优越的家庭，认为学习不学习，无关紧要。学校就要让他们懂得，优越的家庭条件是前辈成功的标志，是父母靠知识，靠能力艰苦奋斗挣来的，是为做子女的走向更大成功而备用的有限资源，继承者应该以此为起点，更加努力奋斗，做出更大的成功，而不能耗费资源，作无能的消费品。

当今是知识经济，科技经济，创新经济激烈竞争的时代，大到一个国家，小到一个企业，一个人，如果不能保持科学知识、信息技术的领先优势，没有让资源财富再生的自主创新能力，没有可持续发展的科学发展观，即是多么丰富的资源财富也是会有耗尽的一天，最终会走向没落甚至破产。所以作为继承者必须要努力学习，立志图新，在掌握前人科学知识的基础上，合理利用父辈留下的资源财富，自主创新，提高竞争能力，永立于不败之地。这样的正面疏导，一定会起作用的。

再比如，有些中小学生对课本知识不感兴趣，总认为课本知识陈旧无味，只专心在课外杂志上猎奇。针对这种现象，学校也要正面疏导，而不是一概的没收或处罚。

因为，中学时代，正是风华正茂，青春四射的时期，对多彩的世界充满好奇，并想一探究竟。同时，中学时代，也正是学好科学打基础的时代，是各种素质培养和提高的时代。教育工作者必须抓住这一有利时机，做好思想工作，重视中学阶段文化基础课的理论学习和实践培养。要让他们懂得，课本，乃课之根本，是前人科学知识的精华提炼，是无数专家心血的结晶，是学生由无知走向成熟以至于成功的阶梯。

课本知识本身就是在随着时代、形势的变化而不断的更新，并且尽可能的贴近学生的生活和趣味，富有启示性和可读性。当然，中学课本毕竟是科学，具有科学的属性，而且是由浅入深，循序渐进。这就需要学生有信心，有恒心，深入学习，系统钻研，一旦和课本交上朋友，定会受益匪浅，其味无穷。也只有认真学好课本知识，掌握基础知识和基本技能，才能读懂和理解各种课外的读物，增长才干。

有的中小学生，不愿练习，反对考试，这也是厌学的表现。教师就要耐心的引导他们，认识到练习和考试，是实践理论，巩固知识，提高技能的重要途径。孔子曰："学而时习之，不亦乐乎！"就是说，学习就要时常练习，才能达到运用自如的程度。就好比，小鸟长出了翅膀，如果不天天练习飞翔，它将永远不能翱翔蓝天。

现在，有些人不参加各种升学考试，依然可以进入高一级学校，这只能说是，国家给他们提供了学习成才的机会和条件。然而，并不能体现出他们有水平和能力。在现阶段，通过严格而公正的考试，是检验学生知识水平和创造能力的重要手段。所以学生不能反对所有的考试，而应该通过认真的，而不是敷衍的考试来检验自己，从而提高学习的主动性。

对学生作正面疏导，集中体现了教育工作者的爱心和责任心，只有以学生为本，才会有更好的教育方式和教育手段，才会了解学生，贴近学生，让学生接受教育，转变不良习气。

（4）加强对中小学生心理素质的培养。心理素质教育是人格教育的重要内容之一，心理素质是指学生的意志、情绪、情感、性格、自我意识、社会交往、适应能力等方面的心理品质。现代教育理论认为，学生的德、智、体、美和个性的生动活泼发展，要以良好的心理素质作前提。当前的部分中小学生依赖性强，自制力差，社会交往能力不足，面对困难与挫折时，心理承受能力差，以及诸多不良行为习惯都是与其心理素质有关。

教育工作者必须善于运用心理学理论去仔细观察，分析，针对具体现象指导学生进行心理调整。比方说，某些学生上课总是好睡觉，通过调查和分析，是因为晚上聊天、玩游戏时间太久，神经兴奋，睡不着。一到上课，就进入梦乡，到了晚上，就又兴奋了。如此往复，恶性循环。对此，教育工作者就应该用科学知识进行心理疏导，用正确的方法给予纠正。

对学生说清楚，人在黑夜里睡觉才是最科学的休息。因为，只有在黑夜里，人处于睡眠状态时，体内才会分泌出一种促进生长发育和维持生理机能的物质——荷尔蒙。白天睡得再多，也无助于它的生成。同时，趴在桌上睡觉，呼吸不畅，肢体歪曲，多方面危害身体健康。当学生明白这些道理后，在加之管理人员的认真负责，这些学生会慢慢的改变恶劣，遵守学校的作息时间，睡觉时间好好睡觉，上课时也许就不再睡觉了。已经错位的生物钟是会逐渐调整过来的。

有些中小学生还有长时间的戴耳机听音乐，吃零食，抽烟等不良习惯，教育工作者也应该用科学的原理去化解，让学生逐步的改正。

总之，教师在施教过程中，要善于激发学生的情感，让学生在身体活动、思维活动和相互交往的多种情境中，充分显露其个性、情感、意志等心理品质方面的潜力，便于教师观察、了解学生的心理特征，并根据实际，有的放矢调整学生心理，促进学生良好心理素质的发展。

培养和提高学生的心理素质，学校应该做到常规化、制度化。形式要人性化，多样化。学校必须开设心理学教育课，让学生系统地接受心理学理论。要设置心理咨询室，定时或不定时的对学生进行心理测试和心理咨询。要配置专业的心理课教师，最好能兼任学生处的职务，既有理论，又有一定的权威性。

备课讲课，有第一手资料，跟踪检查，及时辅导。师生之间，学生之间，学生与家长之间必须要保持经常性的沟通，了解具体情况，解决实际问题。要通过举办主题班会，专家讲座，知识竞赛，参观访问，收看电视《真情互动》等多种活动相结合形式，让学生在平和，愉快的气氛中调节心理。再加上学校经常性地总结评比，插红旗，树标兵，鼓励特长优秀，不需求全责备，给予适当奖励，张榜公布，上网宣传，让同学们学有目标，赶有方向。由学生处统一安排，量化考核，在教职工大会上详细通报，增加透明度，让全体教育工作者检查对照、协调改进，学生的心理素质将会明显改善，学校面貌也会大大改观。

（5）坚持"扬长避短"，发掘学生潜能。根据新的形式，有的中学提出"扬长避短"的教育理念是适时而正确的，是教育"人格本位"的具体体现。俗话说："尺有所长，寸有所短。"人类的大脑构造是一样的，除开遗传因素和外力因素，人的智力因素的发挥也是相差无几的。一个成功的人才，往往是在某一方面的非智力因素发挥到极致，而取得的特殊成效。

美国哈佛大学心理学教授丹尼尔·高曼在《情绪智力》一书中指出：一个人的成功，智力因素（智商）的作用只占20%，而非智力因素（情商）的作用要占80%。非智力因素（情商）包括五种情绪和能力：自我认识，自我控制，自我激励，认识他人和人际关系。这些是与遗传没有直接关系的，却是一个人成功的基本条件，主要是通过教育培养而得到提高的。中学的教育工作者就是要善于发现和张扬学生在这方面所表现出来的特长和潜能，为成功奠定基础。

中学教育要在抓好基础知识和技能学习的同时，还要从学生的特长、爱好和个性出发，量身订制，统筹兼顾，扬其长，避其短，营造适合学生发展的育人环境，最大限度地调动学生的主动性，挖掘他们的潜力，激发他们的创造力，发展他们的特长和个性，使其成为具有市场竞争力的专门人才。

目前，一般的中学都很注重双语（英、汉）教学，这诚然是适应了社会发展的需要。同时也要注重学生在其他方面特长和潜能的挖掘和发挥。当然不是像高等学院那样去设立专修科，可以在上好数、理、化、生、地、史等必修课的基础上，开设与此相关的兴趣选修课，让学生尽情的拓展扬长之路。

比如，天文、地质观测，小科技发明制作，园艺种植，动物养殖，还有书法、绘画、广播、报刊、乐器、武术、表演等，这些选修课，学生各尽所好，选其一至二科，让学生在专业教师的指导下，自己动手，边学边做，既能增强兴趣，学到知识，又能开发潜能，提高素质。只要管理服务到位，纳入期中、期末的考核范围，开展竞赛评比，给予适当奖励，一定会卓有成效的。学校经过一段时间的探索、实践，长期坚持，不断完善，定会有丰厚的回报。

既能为培养人才积累经验，又能研制出有价值的科技产品，还可以走向市场，换取一定的经济效益。相信，这样"扬长避短"的人格本位教育，才是真正摆脱高考指挥棒的教育，才是适合学生发展的教育，才是造就科技之星、文学之星、艺术之星、体育之星的基础教育，才是成功的中学教育。这些做法，对于民办学校更有一定的参考价值。

总之，中学教育的一切工作，都应该以"人格本位"的思想作指导，贯穿于教育、教学、管理、服务的全过程；以人情、人性作纽带，连接学校、家庭、社会为一体，形成网络教育。让中小学生在既宽松、温馨，又规范、和谐的环境中接受教育和锻炼，完善人格，增长才干。为把自己铸造成具有竞争力的国际性人才做好充分的准备。

2. 用雷锋精神塑造学生的健全人格

健全人格教育是最基础的素质教育。我们的宗旨是教会小学生做人，从小用雷锋精神培养和塑造小学生的健康人格，促进他们整体素质的提高和健全人格的养成，为他们将来成为适应现代化需要的雷锋式的社会主义"四有"新人打下良好的基础，研究用雷锋精神培养和塑造小学生健康人格的规律和特点；探索实施"人格教育"的目标、内容、方法、途径、评价体系，就是我们的工作目标。

小学生健康人格培养的要点

（1）自尊自立，遵纪守法。小学生是未来社会的主人，也是自己的主人。学校应放弃"听话"、"顺从"教育，加强服理守法教育，使小学生把尊敬师长与保持自己的人格独立结合起来，既不屈从他人意志而做违心的事，也不以傲慢无礼的态度待人，同时具有较强的法制观念和纪律观念。

（2）尊重科学，追求真理。努力激发小学生的主动精神、探索精神、钻研精神，把小学生的目光引向自然和社会，鼓励他们关心社会生产和自然环境的变化，积极地提出问题，思考问题，研究问题，培养他们敢想、敢说、敢干的大无畏气概，能勇于自责，及时克服缺点，修正错误。

（3）立志高远，自强不息。要培养小学生有远大的志向、坚定的信念、艰苦奋斗的精神和坚韧不拔的毅力，为理想的实现而刻苦学习，从小养成勤勉敬业的精神。这是决定人格品位高低的一个重要条件。

（4）关心他人，信守道义。培养小学生关心他人和社会的集体意识，把祖国利益放在第一位；发扬同情疾苦的人道主义精神，用自己的人力、物力、财力去助人、利人、乐人；反对一切损害他人的活动，勇于同不良现象做斗争。

小学生健康人格培养应遵循的原则

（1）调适性原则。在塑造小学生健康人格的工作中往往会遇到培养目标与市场经济条件下出现的一些道德观念、道德意识、道德现象相矛盾的问题。不解决这些矛盾就无法达到预期的教育效果。因此我们采取道德调适的办法处理这一矛盾，如：我们在制定健康人格教育实施细则时，抓住有意义的道德认识问题，通过调整对传统道德涵义理解的思维定势，找到传统道德与现实的有机结合点，选择好调适角度和标准，抓住每一个教育要点的实质，抓住矛盾着的两个教育要点间的相容性，保证学校教育不脱离社会实际，增强教育的可信性与实效性，促进学生健康人格的形成。

（2）自主性原则。一个学生要形成健全人格，首先要能够正确认识自己，充分了解自身的价值，强化主体意识，从而勇敢地面对现实，逐步培养起敢于面对挑战，参与竞争的心理素质和遇挫不惊、不怕艰苦、坚韧不拔的毅力，使自己人格表现出一种奋发向上的生机。

（3）平等性原则。小学生已有初步的独立意识和平等意识，他们希望受到理解，受到尊重。因此，教育者不能以居高临下的态度对待学生，而应该以平等的态度对待学生，培养学生的人格观念，维护学生做人的尊严，不做有损学生人格的事情。这也就教会了学生怎样尊重他人的人格。

（4）差异性原则。要培养塑造学生的健全人格，就要从学生人格特点出发。不同的个人在其全面发展的程度上是有差别的，这种不同，体现了人的全面发展水平的不同。我们在教育中必须根据学生的不同个性特点采用不同的教育方法。

（5）示范性原则。实施人格教育必须坚持示范性原则，在坚持用雷锋精神影响和激励学生的同时，教师也必须发挥自己的榜样作用。学生对教师的话听不听，信不信，服不服，在很大程度上取决于教师本身的人格形象。因此，教师必须严格要求自己，认真做好工作，带头遵守纪律，自觉维护社会公德，并在工作、生活以及与学生的交往中表现出自己的丰富知识，高尚的情操和高雅的情趣，以自己敬业、自律的良好人格形象感染学生。

3. 政治学科中学生的人格教育指导

人格是什么？就是人的品格，人的尊严，人的立身之本。什么是人格教育？就是一种着眼于心灵改造和品格建塑的教育，是教育者针对青少年素质现状，有目的有计划地运用心理教育、心理训练、心理建构等方式与方法对青少年施加影响，促其人格系统健康发展的教育活动。

对于中学阶段的学生来说，这一时期正是他们长身体、长知识的最佳时期，同时也是他们正确理想、信念、人生观、价值观初步形成的重要时期，抓住这一阶段，在思想政治教育中，通过把外部灌输和开发人的自觉性结合起来进行人格教育，使学生在潜移默化中受到启发，并循序渐进塑造健全的人格。

人格教育：时代发展的需求

日前媒体曾有报道，说有人虽然获得了香港实业家李嘉诚先生设立的长江学者计划的高额奖金，却不能去领取。原因可能是出于怕自己领取了别人心里会不平衡，从而影响业务合作，诸如此类的问题常常会使人们扪心自问：这到底是怎么了？

也许近日公布的一项科研成果会给你满意的答案。北京大学王登峰教授与台湾大学杨国枢先生从 1990 年开始合作在两地进行中国人人格的研究。王教授从《现代汉语词典》、小说、报刊、影视剧和学生语文课本中挑出描述人格特点的词汇 8000 余个，然后再减至 400 个词，并在内地各高校找了近 2000 名被试者进行样本分析。然后他将在此基础上得出的内地人格维度表与台湾学者的研究结果进行对照，发现两者竟惊人地相似，五项指标都涉及这样的描述：努力浮夸、外向开朗——内向拘谨、沉稳干练——迷糊懦弱、善良宽厚、暴躁固执。

而与图普斯和克罗斯特为代表的西方学者所得出的研究结果迥然不同。因为他们得出的五项描述人格的维度是外向、有活力、热情、愉快、利他、有感染力，公正，克制、拘谨、神经质、消极情绪、神经过敏，直率、创造性、思路开阔、文雅。由此可见，中国人与西方人的人格有很大不同。因此，人格教育被提上议事日程。

人格教育：思想政治教育的基础

思想政治教育是我国精神文明建设的首要内容，也是解决社会矛盾和问题的主要途径之一。思想政治教育既十分重要，又相当难做，尤其是在市场经济的条件下，我国的思想政治工作存在着相对疲软的状况，很不适应现代社会发展要求。造成思想政治工作不力的原因很多，但其中重要的一个原因是长期以来我们忽略了人格教育及培养。

人格教育是思想政治教育的基础，没有这个基础，思想政治教育就犹如无根的浮萍，总是漂流在人的思想表面而不能深入下去。原因在于：

（1）人生价值观念形成的稳定的心理基础。人的价值观念必须统一和稳定，而这就需要一个人的心理过程及其人格形态是统一而稳定的。否则，分裂的人格只能产生分裂的观念。

（2）形成特定世界观和人生观的内在心理依据。世界观是对于世界的认识，正确的世界观虽然来自于正确的理论指导和学习，但如果没有良性的人格形态作为内在心理依据，外在的观念灌输就很难起作用。

（3）形成特定道德素质的主要动力。人格具有品质化的特性，因此，人格一旦形成，人就具有了相应的内在质地，不同的质地会适应不同的道德倾向，良性的人格自然易于建立良性的道德素质。当然，人格的这些基础作用并不是绝对的，而往往是相对的，同时它还与人的价值观、世界观、人生观和道德意识发生相互的影响和转化作用。

因而，人格既有统一性和稳定性，也有分化性和可变性，这些特性也决定了良性人格的不易养成。总之，人格状态可以说就是细微的、隐性的和原始的思想道德状态，而思想道德则往往是发展了的、成型的、成熟的、显性的人格表现。

人格教育：思想政治工作社会化的切入口

要真正重视社会的思想道德建设，就必须切实重视公民的人格培养。家庭、学校和社会都应当看到这一点。但是，以往我们的思想政治工作往往把力气花在了正面的、显性的教育上，花在外部灌输上，而很少从人格的和人的心理的角度来深化思想政治工作，使思想政治工作失去日常化和潜移默化的效应。

因此，必须在人格培养和思想道德教育的方法上来一个根本的转变，发挥思想政治教育的应有优势和效益。这里仅从人格培养的角度提出几点应当注意的方法，以引起大家思考：

（1）必须把外部灌输和自觉性结合起来。从社会学的角度来看，外部灌输就是社会教化的过程，人的自觉性过程是个体内化的过程。只有外部灌输，而不注重于社会个体内在化了多少人格要素和思想观念，人格培养就是一句空话。中国传统教育十分重视从小培养人的自觉性，并主张通过"修养"建立自觉意识，这是值得我们今天借鉴的有效方法。

（2）必须采取日常化教育方式。使人格教育的内容和人的日常生活密切结合起来，进而形成为人的习惯。中国文化从小对儿童进行"洒扫、应对、进退"方面的教育，就是从劳动、言谈和礼仪方式培养其人格自觉性。西方社会也十分重视人们从小做起，从小事做起，从日常生活的点滴培养人格和思想品德。例如，西方人注意培养儿童的独立生活能力，减少其依赖性；教育儿童爱护一草一木，爱护环境，由此培养其热爱家园、热爱国家的基本情感。这些良好的教育方法，我们应当积极吸取。

（3）必须采取诱导式教育方法。避免强制式教育产生的逆反效果。人格的形成应当是自然的，道德的养成也是如此。教育者应当以诱导为主，逐渐引导被教育者建立良性人格。强制教育建立在对人的威胁和制裁的基础之上，不符合人的受尊重和服人以理的心理，应当慎重采用才行。

（4）必须采取启发式教育方法。使受教育者在自我思索的状态下建立良性的人格。人格教育和思想教育与文化教育一样，应当想办法激发受教育者的探索热情和思考习惯，并在受教育者思考人生和社会问题达到"愤"和"悱"的临界状态下，教育者适时"启"之"发"之，就能使受教育者如"醍醐灌顶"，顿然醒悟，从此对思索出的人生道理铭记于心，没齿难忘。

（5）必须运用无形教育的方式。把教育者的日常言行作为受教育者的样板和标准树立起来，使受教育者不知不觉地受到良好人格和思想品德的影响和感染，进而建立与教育者一致的人格和思想品德。常言说"有其父必有其子"，正是说明为父母者的自然"身教"的巨大影响力。在学校教育中，学生往往以教师作为人生的标准和社会的化身，教师的一言一行都在默默地感染着学生。在社会中，位尊势重的人的言行同样在"暗示"着周围的人：人应当怎样生活，怎样工作，怎样为人。

可见，无形教育的效果往往大于有形教育，正如春雨的滋润往往比暴雨的冲刷更有益于万物的生长一样。做到这一点，有赖于教育者高度的素质修养。说到底，教育者也有一个不断地接受教育、自我教育和不断提高的问题。这也说明了人格教育是社会化的，思想政治教育是社会化的，全社会良好的思想道德风尚的形成，要靠每一个人在人格和思想道德素质方面的提高，以及彼此的相互影响。这正应了《礼记大学》中的那一句话："自天子以至于庶人，壹是皆以修身为本。"

总之，学生健全人格的形成，离不开老师的精心塑造和正确引导。作为一名思想政治老师，在教书育人过程中，不仅对学生人格的塑造责无旁贷，而且自己的人格也在不断地升华、发展。可见，思想政治教育与人格塑造之间关系是何等紧密，万万不可忽视才行。

4. 德育学科中学生的人格教育指导

人格教育是思想道德教育的基础，可以说人格就是细微的、隐形的和原始的思想道德状态，而思想道德则是发展的、成型的、成熟的、显性的人格表现。从采取诱导式教育方法，避免强制式教育产生的逆反效果。内外结合，进行人格教育，坚持日常化教育，形成个人习惯。加强学生友好与和谐人际习惯的养成等四个方面进行努力，将会非常有利于中职学生的优秀人格的养成。

在党的十七大报告中，提出了创建"和谐社会"的重要目标。要实现这一宏伟目标，就需要培养出大量具有较高思想道德素质的青年一代。学校德育课理所当然地要承担起这一重担。要培养学生优良的思想道德素质，首先必须对他们进行人格的培养。"人格教育是思想道德教育的基础，没有这个基础，思想道德教育就如无根浮萍，总是漂流在人的思想表面而不能深入下去"。可以说人格就是细微的、隐性的和原始的思想道德状态，而思想道德则往往是发展了的、成型的、成熟的、显性的人格表现。

人格的养成教育是外化与内化的统一，通过有针对性的教育和训练，使知、情、意、行诸要素有机地形成合力，就能引导学生形成优秀的人格，使学生素质逐步得到优化和提高。

在传统的德育课上，有的教师仅仅把力气花在正面显性的教育上，花在外部灌输上，很少从人格和心理角度来深化品德教育，使品德教育变成了机械的说教，失去了品德教育的日常化和潜移默化的效应。在创建和谐社会的今天，在市场经济的现实情况下，我们必须转变思想道德教育的方法，把人格培养和思想道德教育紧紧结合在一起，从而发挥品德教育的应有优势和效益。在德育课的人格培养中，要做到以下几点。

以人为本

采取诱导式教育方法，避免强制式教育产生的逆反效果，"中学生正处于人格形成的重要阶段。他们所独有的青春气息一方面给他们带来了活泼向上的激情，让他们为自己的理想而不懈努力。

另一方面，也有不少青年在这一时期表现出逆反倾向。现今有部分学生喜欢扮"酷"、搞怪、做出一些吸引眼球的举动以赢得别人的羡慕与追捧，更有甚者由于受到社会不良风气的影响，以吸烟、酗酒、拉帮结伙儿来显示自己的"义气"。这就要求我们的德育老师在人格教育中应以学生为本，多一些宽容和温暖，少一些简单和粗暴。

正如肖川先生所说："从学生的成长过程来说，是精神的唤醒、潜能的显发、内心的敞亮、主体性的弘扬与独特性的彰显。"教育是一门艺术，其目的是春风化雨般地使每一位学生获得自我发展的能力。教育者应当以诱导为主，逐渐引导被教育者建立良性人格。应该说这种"量化考核"教育是强制教育，强制教育是建立在对人的威胁和制裁的基础之上的，不符合人的受尊重和以理服人的心理，中国有句老话叫"压而不服"。

内外结合

把外部灌输和开发人的自觉性结合起来进行人格教育，避免武断或一刀切式的做法。从社会学的角度来看，人的自觉性过程是个体内化的过程，而外部灌输是社会教化的过程。只有外部灌输而不注重社会个体的人格要素和思想政治内在化，人格培养就是一句空话。

如，在今天的校园里，学生随口说脏话的现象屡见不鲜，消除这种不文明现象并不是一件唾手可得的事情，它需要我们的德育老师具备高超的艺术技巧才能妥善地处理好。有的老师悄悄将学生经常使用的不文明语言录下来，在德育课上进行播放，希望通过脏话曝光触动学生反思不文明的行为。但是，这并没有起到一药治百病的效果。

不同的情况应该用不同的教育方法。对于恶意谩骂的、故意说脏话的、偶尔说脏话的和习惯说脏话的不同情况，应该区别对待，不应采取统一曝光的一刀切方式来处理。对于德育教师和学校而言，重要的是营造文明的课堂和校园环境，营造人人文明交流语言的环境，同时加强学生的行为养成教育，从文明礼仪的角度教会学生正确的交往方式，真正教会他们学说文明话，学做文明人。

我国传统教育就十分重视从小培养人的自觉性，并主张通过"修养"建立自觉意识，这也是值得我们今天借鉴的有效方法。

坚持日常化教育

把人格教育的内容和学生的日常生活密切结合起来，培养良好的个人习惯，作为德育课教师，在教学中"要善于结合教材内容，有机地对学生进行人格养成教育，使得培养的学生不仅有学问，还要人格健全，做人做事的能力强，以适应将来社会对人才的需求"。

在努力创建和谐社会的今天，我们在学生人格养成的教育中更应该重视从小做起，从小事做起，从日常生活的点点滴滴培育学生的优良人格和高尚的思想品德。譬如，要培养爱国思想，首先就要从爱家庭，爱父母、爱家乡，爱集体、爱学校做起；要培养感恩之心，首先就要从给父母洗一次脚，倒一杯水开始做起，只有这样，我们才能为建设和谐社会培养出大批合格人才。

加强和谐习惯

和谐的人际习惯是生成良好道德的基础。人际习惯一般可分为两种：一种是和谐习性。如善于协调、宽容、忍让、妥协、合作等等。另一种是对抗习性。如，争夺、竞赛、苛求、攻击、分裂、争斗、孤立、自我封闭等等。

在现实社会里，人们更多地喜欢具有温和、谅解、恭敬、谦虚、礼让等性格的人，而不太欢迎像斗牛一样的好斗者。在努力创建和谐社会的今天，我们应当把养成学生的和谐习性作为人格培养的首要目标，尽量消除学生的对抗习性。即使在成人的人格养成中，对抗也只能作为一种权宜性人际关系或工作手段，而不应当成为一种人格习性。否则，社会的人际关系就会恶化，人与人的对抗和争斗就不可避免，建设和谐社会就成了一句空话。要培养学生的和谐习性，就要注意克服现代思想观念中极端的"自我意识"和"自我价值"观，继承和培养传统的"无我"、"忘我"的精神境界，消除自我中心主义，努力达到做纯粹、高尚、奉献的人的境界。

人格教育是一项综合施教的系统工程，是将特定的目标内容渗透到德、智、体、美、劳诸类教育活动中的一种融合性教育。实际上，学校各门学科、各项活动的教育都包含有人格教育的成分。作为一个德育教师，我们只要善于把政治教育和其他学科及学校的各项活动紧密结合起来，把课内课外结合起来，在设计教学时注重强化人格培养要素，就能够增强教育活动的人格塑造力。

5. 语文学科中学生的人格教育指导

挖掘人文精神，树立人格理想

语文教材中有众多古代圣贤、领袖英雄、志士仁人的典范事迹、精辟论述、格言警句，这些折射着人文精神光芒的材料，最适合对学生进行人格培养。在语文教学中，应因课制宜，因势利导，将课文中的人文因素发掘出来，充分发挥，深入阐述，使学生受到陶冶。

古代作品《涉江》中屈原坚守节操、决不变心从俗的斗争精神，《梦游天姥吟留别》中李白"安能摧眉折腰事权贵，使我不得开心颜"的人格尊严，《茅屋为秋风所破歌》中杜甫"安得广厦千万间，大庇天下寒士俱欢颜"忧国忧民、关爱民生的高尚情怀，《石钟山记》中苏轼勇于探索、追求真谛的科学态度，是古代中国人高尚人格的典范。他们的事迹是对人生价值、生命意义的最好诠释。

而现代作品中，《记念刘和珍君》中青年学生追求正义、献身事业的顽强斗志，《琐忆》中鲁迅"横眉冷对千夫指，俯首甘为孺子牛"的爱憎感情，《我的母亲》中母亲勤劳刻苦、意志坚强的思想性格，《百合花》中通讯员舍生忘死、奋勇献身的牺牲精神，更为青年学生树立了光辉的人格榜样。在教学中，教师要进入"角色"，通过声情并茂的朗读，妙语如珠的讲解，循循善诱的启示，让学生感受这些人物伟大的精神力量，从而产生强烈的共鸣，树立理想的人格目标。

分析人物形象，体悟人生要义

"文学即人学"，对人物形象的分析，也是对学生进行人格教育的过程。通过分析，让学生从或善或恶、或忠或奸的人物身上区分人性中的美与丑、善与恶；从人物或喜或悲、或成或败的命运中去感悟人生要义，体会作者寓于作品中的道德评判。

（1）从正面人物身上感受人格之美。如《烛之武退秦师》中烛之武机智沉勇、胆识超群的智者形象，《我与地坛》中史铁生身残志坚、勇于挑战的强者形象，《刘备三顾茅庐》中刘备尊重人才、礼贤下士、求贤若渴的仁君形象，《报任安书》中司马迁不畏挫折、积极进取、辱后著千古名作《史记》的忍者形象，都是对学生进行人格教育的光辉榜样。通过对这类人物形象的分析，让学生感受理想人格的力量，激发学生的崇高愿望，唤起他们对理想人格的追求。

（2）从反面角色中认识生活的假、丑、恶。《林教头风雪山神庙》中的陆虞侯是个卑鄙无耻的势利小人，教师要让学生认清其卑劣的行径、丑恶的灵魂，警惕生活中的卑鄙小人。《装在套子里的人》中的别里科夫胆小怕事、顽固保守，教师要启发学生认识尤其在改革开放年代别里科夫之类保守派的危害性，解放思想，勇做新世纪的弄潮儿。

（3）从有人格缺损的人物形象中反省自身。有些悲剧性人物形象之所以走向悲剧，除了社会环境因素之外，与其自身的人格缺陷亦不无关系。如《项链》中路瓦栽夫人爱慕虚荣，追求享乐，《阿Q正传》中阿Q缺乏自尊、自强、自信、自立的人格精神。通过讨论、分析，促使学生反省自身，得到启发，完善自己。

（4）从对比性形象中获得教益。如分析《赤壁之战》中曹操、孙权形象，可从战争成败主观原因入手，进行人格教育。赤壁之战中曹军失败的原因是多方面的，但根本的一条，就是曹军骄傲轻敌。而孙权作为吴主，面对来势凶猛、数倍于己的曹军，他没有独断专行，而是广泛听取别人意见，审时度势，部署兵力，联刘抗曹，取得胜利。从孙权、曹操的成败，可悟得做人的一些道理。

品味语言技巧，进行情感渗透

在语文教学中，应紧紧抓住语言文字这一中心，揣摩品味语言的情感、韵味，将学生引入语言情境，受到情感熏陶。

《在马克思墓前的讲话》是一篇情真词切、蕴涵丰富的演讲词。第一部分，只两句平静的叙述，却含蓄地表达了深挚而丰富的感情。写马克思逝世的时间，精确到时和刻，不仅表明作者的郑重态度和悲痛心情，而且突出了马克思这位历史巨人逝世的不同寻常。

写马克思的逝世，不用"逝世""与世长辞""永远离去"等词语，而是说他"停止了思想"，既表达了恩格斯不忍说或不愿说的悲痛心情，也突出了马克思是"当代最伟大的思想家"，包含了对他创立共产主义理论时代贡献的崇高评价。"他在安乐椅上安静地睡着了"，不仅表现了马克思逝世时从容、安详的神态，更突出了马克思生命不息，战斗不止的高贵品质，他为无产阶级的解放事业忘我工作，鞠躬尽瘁，只是死亡打断了他的工作和思考，他"永远地睡着了"，但是他的精神将永驻人间。此处所写，真是字字热泪，句句深情啊！在语言的推敲、咀嚼中，学生感受了马克思的伟大人格，受到深刻的情感教育。

创设审美情境，陶冶学生情操

在语文教学中，教师应根据具体教材，因文而异创设情境，使学生在具体情境中受到美的濡染，培养审美人格。

有位教师在教鲁迅的《记念刘和珍君》时，是这样以诗化语言创设审美情境的："刘和珍、杨德群几位青年学生，以短暂的青春年华，书写了人生壮美的篇章，可歌可泣，可颂可赞！她们是四季常青的松柏，英名与大地同在；她们是巍峨耸立的高山，伟绩与江河共存！她们的鲜花化成了绚丽的朝霞，迎来了共和国金色的黎明；她们用生命谱写的壮美乐章，是天安门上隆隆礼炮的前奏！"在这一情境中，高山、松柏与英雄的形象相映生辉，礼炮、乐曲与祖国的新生紧密相连。英烈们为民请命，为国捐躯的崇高精神和完美形象彪炳千古，光照后人！学生从中得到情感的陶冶、升华。

6. 历史学科对学生人格的教育指导

心理学家告诉我们：人格，也称个性，它反映着人的内心世界和精神面貌，它包含人的知识、能力、意志、兴趣、动机和信念等多种因素，它在素质教育内容之一的心理素质中居于核心地位。社会要发展、国家要强盛、民族要振兴，人才是关键。未来所需要的人才，不仅要有强健的体魄、丰富的科学文化知识，更要有高尚健康的优良人格。为迎接新世纪的挑战，为实现中华民族的早日腾飞，每一位教育工作者都肩负着培养高素质人才的重任。唯有个性（人格），才是"五彩"的源泉。历史教学尤其应注重对学生人格的教育，那么，历史教学过程中应如何对学生进行人格教育呢？

在历史知识传授中，熏陶学生的人格

费尼可斯说过："不经学问的陶冶，是不可能形成稳定健康的人格的。"可见稳定健康的人格的形成，需要借助于知识的点滴积累。若离开了具体的知识，人格教育只能变成空洞的说教而显得苍白无力。历史教学过程中要充分利用和挖掘历史教材中所蕴含的丰富的人格教育素材，不断加强对学生的人格熏陶。

科学、正确的世界观、人生观、价值观，是优良人格的重要特征，是推动学生发展和完善自己的精神动力。在教学过程中，可以结合"人生自古谁无死，留取丹心照汗青"，"牺牲我一个，幸福后来人"，"为中华之崛起而读书"等咏志诗句的教学，通过秦桧、慈禧太后、袁世凯等出卖国家民族利益而遗臭万年的历史教学等等，培养学生正确的世界观、人生观、价值观。

爱因斯坦说："优秀的性格和钢铁般的意志，比智慧和博学更重要……智力上的成就在很大程度上依赖于人格的伟大。"在教学过程中，要充分利用一些著名历史人物的人格来感染学生，使他们明白：要成就一番事业，优良而伟大的人格是前提和关键。

例如：通过介绍司马迁、贝多芬、罗斯福等身残志坚的感人事迹，培养学生矢志不移的顽强意志；通过介绍居里夫人、布鲁诺、李大钊等人的事迹，培养学生追求科学与真理的献身精神；通过介绍郑和、麦哲伦等人的事迹，培养学生蔑视困难、勇敢探索的开拓精神；通过介绍毛泽东、刘少奇、周恩来、邓小平等老一辈无产阶级革命家的光辉业绩，培养学生笑对挫折、胸怀坦荡的钢铁般的意志；通过介绍焦裕禄、雷锋等人的事迹，培养学生全心全意为人民服务的自我牺牲精神……这样，在历史知识的传授过程中，使学生在不知不觉中受到人格的熏陶，这为他们将来走向社会、服务于社会打下了坚实的人格素质基础。

探讨新教法，引导学生塑造优良人格

早在 1983 年，邓小平同志就向全国发出："教育要面向现代化，面向世界，面向未来"的号召。这就要求教育应培养适应未来社会所需要的高素质人才。而课堂教学是实施素质教育的主渠道。在历史教学过程中，注意积极引导学生阅读教材及与教材有关的历史资料，让学生自己独立地思考问题、解决问题，从而逐步培养学生独立解决问题的能力；此外，在教学过程中，要积极引导学生对有关的人物活动、历史题材的艺术作品进行专题评述；另外，针对具体的历史知识，大胆放手，积极引导，让学生自己设计图表，整理知识，构筑知识框架。

这样，通过新教法的实施，逐步培养起学生独立探究科学知识的能力，为他们将来走向社会做一个自立、自强的人，打下坚实的素质基础。未来社会是一个竞争激烈的社会，竞争的激烈，需要人们建立起包含自立自强能力的高素质基础，而教会学生如何独立地分析问题和解决问题，必然会使他们受益终生。

新世纪已经开始，为使我们的学生在新世纪的竞争中立于不败之地，在教学过程中，除对学生进行科学知识的传授外，更应对学生进行竞争意识的教育。竞争意识是克服人格缺陷的一剂良药，是推动个体战胜自我、超越他人的精神动力。在课堂教学中，对传统的考试教学方法进行改革，根据教学的具体内容适当组织历史知识演讲比赛、历史小论文评比等等，这种新的方法充分调动起学生积极向上、勇为人先的内在能动性，从而使学生逐步养成勇敢拼搏、敢于竞争的优良人格。

完善自我人格，引导学生构建优良人格

教师是素质教育的直接实施者，教师人格的高低会对学生起到潜移默化的作用，要不断学习一些优秀人物和先进教师的事迹，从他们身上吸取人格的精华，以不断完善自己的人格。严格要求自己，以自己的遵纪、守时、守信、勤学、勤恳、严谨、求实等优良人格去影响和感染学生，把自己置于与学生平等的地位上，在此基础上，去关心学生、指导学生，使学生轻松愉快而又主动自觉地反省、矫正自己的思想行为，从而更有效、更主动地发挥自己的主动性、积极性、创造性，不断完善自己。

只有拥有完善人格的高素质的教师，才能培养出有完善人格的高素质的学生。"学高为师，身正为范"，永远是不变的真理。

总之，在历史教学过程中，不断完善自我人格的同时，充分利用教材中的人格教育素材，不断探求恰当的教学方法，潜移默化地对学生施加人格影响，来帮助学生逐步构建起优良的人格。

7. 物理学科中学生的人格教育指导

人格是一个人整体精神面貌的表现，是一个人的能力、气质、性格及动机、兴趣、理想等多方面的综合表现。胡锦涛总书记在全国政协会议期间强调，要引导广大干部群众特别是青少年树立社会主义荣辱观。坚持"八荣八耻"，教师在对学生进行教育的一切活动中，培养他们成为品德良好的一代新人，当放置于首要地位。这一点已成为共识，但什么是良好品德的标准，则各有不同的认识。我以为品德良好的首要前提是圆满的人格，而人格教育则是道德教育的重要和基础组成部分。

从我国古代教育史来看，人格教育古已有之。孔子的道德修养理论指出：改造客观世界的同时必须相应改造主观世界，即处理好人类自身的内在矛盾才能使个体的思想行为适应社会发展的需要，适应与自然和谐相处的需要。这就不仅要求进行社会教化，即通过教师传道来使人们接受"仁"的思想和"礼"的约束；而且也要求每个人进行自我修养，使"仁"逐渐成为每个人的潜在意识，使

"礼"成为每个人的自觉行为。这样，才能使人人都成为追求完美人格的君子，达到大同世界的要求。为此，以孔孟为代表的先秦儒家根据"为仁由己"的思想精心设计了一套行之有效的自我修养理论与方法，以便每个人随时了解和克制自己内心的思想与情绪，实现人格的自我完善。

在今天的物理教育中，作为整个物理学史里，固然有一些维护封建统治的政治理论，但也不乏优秀人物为榜样的人格教育内容，这些优秀人物成为读书人的楷模。

霍金——这个被称为"继爱因斯坦以后世界上最杰出的理论物理学家"在中国大地兴起一股热潮，从上海到杭州到北京之行，成为众人关注的焦点。霍金的魅力不仅在于他是一个充满传奇色彩的物理天才，更因为他是一个令人折服的生活强者。他不断求索的科学精神和勇敢顽强的人格力量深深地吸引了大家。

因为一场肺炎而进行的穿气管手术，这位饱受卢伽雷病困扰的科学大师再也无法用自己的声音表述他的思想。全身唯一能活动的是三个手指，借助手指操纵按钮输入要说的话，再经由语言合成器发出声音。纵使遭受再大的病痛困扰，霍金也从没有停止过对宇宙的思考。同时他也从未停止过科学的推广和普及。他一直在思索如何用通俗的方式让更多的人能了解宇宙的奥秘，由他撰写的《时间简史》，14 年来，被翻译成 40 种文字，印量高达 1000 万册，作为一本写给大众看的科普读物，把理论物理科学带进了全球的千家万户，成为迄今为止世界上最成功的科普读物。霍金所经历的磨难是常人难以承受的，他对人类的贡献也是超越常人的。

马丁·路德曾经说过："一个国家的繁荣，不取决于它的国库之殷实，不取决于它的城堡之坚固，也不取决于它的公共设施之华丽，而在于它的公民的文明素养，即在于人们所受的教育，人们的远见卓识和品格的高下，这才是真正的利害所在，真正的力量所在。"从世界教育史来看，世界各国都根据各自的不同情况，文化观念形成的人格标准来进行人格培养工作。

而通过人格教育扭转人的不良倾向，转变人的道德观念，从而成功地完成对人的培养任务的典型，前苏联的马卡连柯创办高尔基工学团，马卡连柯以自己高尚的人格、真诚的爱心，无私的奉献，严格的要求、从人格培养入手，使那些流浪儿懂得自尊、自爱、自律，从而按社会要求去安排自己的行为。

作为人格教育主渠道的学校，有责任开展多方面的教育活动来培养学生的圆满人格，决不只限于笼统的提出思想教育，而应该在提高学生人格素质的基础上，去谈思想进步，政治信仰，爱国主义等等。而人格教育的基本构成是这样的一个特征：适应社会、有强烈的责任感、忠诚履行社会责任，自觉遵守社会规范，维护社会风尚，也就是人们常说的让学生学会"做人"，学会做一个社会的人。

而这一类人物在我国历史文化沉淀中大有人在，都靠教育者在创造性为学生树立榜样，但最有说服力的教育方式，是在我们的生活中去发现发掘每一个学生人格上的闪光点，去鼓励实践者去继续实践，去鞭策未实践者紧紧跟上，大力表扬，广为倡导，激励大家竞相学习。这样在校园里就创建了一种追求真善美的环境氛围。

从时空范围感受人格教育

中国首个月球探测计划"嫦娥工程"，于 2003 年 3 月 1 日启动，分三个阶段实施，首先发射环绕月球的卫星，深入了解月球；接着发射月球探测器，在月球上进行实地探测；最后送机器人上月球，建立观测站，实地实验采样并返回地球，为载人登月及月球基地选址做准备。整个计划大概需要二十年的时间。令国人自豪不已。

高中物理课本第一册的序言，就介绍了从空间尺度来看，"物理

31

学的最小研究对象是数量级为 $10-15m$ 的微观粒子，最大研究对象是数量级为 $1026\sim1027m$ 的宇宙"；从时间尺度来看"物质世界的时间尺度从 $1018s$ 到 $10-25s$，共跨越了 $43\sim44$ 个数量级"，形成了一个"首尾相接的蛇形圆图案"。其中展现的是一幅壮美的"人类探索和逐步认识物质世界的现象、特征、规律和本质的历程"的图景。从远距离输电到超导磁悬浮，从天气预报到航天飞机、两弹一星……人类认识世界，改造世界，创造美好生活的"事迹"，激发起学生对前人的敬仰，对科学的兴趣，对理想的憧憬等等。

正如苏霍姆林斯基在《和青年校长的谈话》一书中说的那样："教育的艺术就在于，要让受教育者把他周围的东西加以'人化'……从这些物品中感受人性的东西——人的智慧、才干和人对人的爱。"因而在教学中，教师就应当想方设法地把"五彩缤纷"的科学世界，呈现在学生的面前，使他们心旷神怡地深入其中，去感受，去受教育，去锻炼和提高。促进学生情感的迁移和人性的完善，进而无限地热爱"物理世界"。

从教学中培养学生的人格教育

教育一方面使教育者成为历史的继承者，同时又是"新历史"的创造者。人类文明的精神成果往往是以知识的形式存在的，其常常是"隐藏"在知识之中的。教学不能单纯地异化为传授知识。

首先，要尊重学生个性的发展，使学习变得生动有趣。从物理概念和物理规律的形成过程中，学习人类认识自然的艰辛和奋斗历程，其中充满了喜怒哀乐，酸甜苦辣；从亚里士多德到伽利略至牛顿"我是站在巨人的肩上的"；从牛顿的微粒说、惠更斯的波动说、麦克斯韦的电磁说，爱因斯坦的光子说到光的波粒二象性等等，其中凝聚了科学家的智慧和才华及奋斗历程。从奥斯特的电生磁到经过十多年研究成功的磁生电，体现了艺术美学对称的思想；从冥王星（已降级）的发现到宇宙万物在万有引力定律的统一"指挥"下，是那样的"和谐"、"安详"。

在物理概念和规律中，比如，动量和动能："动量这个概念是笛卡儿、牛顿先后提出的，并且笛卡儿明确地把物体的质量和速度的乘积作为物体'运动量'的量度，在历史上由于他们的影响，正如前教育部师范司司长马力同志指出："教师应把教育过程看成是'把凝固的文化激活'的过程。文化，是培养人的宝贵财富和资源。教师就是要通过教育过程提高文化的精神和智慧，创造文化的精神和智慧，把文化的传授和学习转化成历史上文化创造者与今天文化学习者之间的对话。"

从介绍中渗透人格教育

物理学发展史就是一部完整的科学家奋斗史，通过学习使学生理解像居里夫人的祖国情怀；体会到物理学家与他人合作的重要性；熟悉了定量、定性、美学等的思维方式；形成独立思考，分析问题，解决问题的能力；体会到在物理学研究中的兴趣，意志品质是非常重要的……

所有这些对受教育者潜质的开发，诱导，形成自己的"榜样"都是非常重要的。同时又能历史地，客观地学习物理知识和进行创新。"诺贝尔奖金获得者杨振宁在回忆录中写道，当他的父亲——清华大学数学系杨武之教授发现了其在自然科学方面的兴趣和天分时，却没有在这方面激励他，而是请了历史系的优秀学生为他讲授《孟子》，杨振宁说他后来在物理上取得的成绩与他父亲的这种教育是分不开的。"

物理学家和物理学史对人格教育起到了桥梁作用。爱因斯坦所说：物理学结论"几乎总是以完成的形式出现在读者面前，读者体验不到探索和发现的喜悦，感觉不到思想形成的生动过程，也很难达到清楚地理解全部情况。""我们所需要的与其说是赤裸裸的结果，不如说是研究过程，离开了引向这个结果的发展过程来把握结果，那就等于没有结果，大诗人歌德就说过：'科学史就是科学本身。'对现有知识的历史考察，可以把发现的本质放在更真实的背景下，从而使学生得到超过定律和公式的许多启示。"

在问题中培养人格教育

分析问题和解决问题的过程，受教育者真正独立地接触问题，检验了受教育者的人格素质，具体问题具体分析的逻辑思维能力，培养和形成不同的个性品质。面对同一问题，不同的受教育者表现出了不同的个体反映和应对策略，解决问题的过程就是人格教育形成和升华的过程。当然问题的选择要联系实际，接触社会，接触历史，接触科技。

例如在学习讲解惯性知识和安全用电时，培养学生的安全意识，讲能源的开发和利用，噪声的危害和控制时，静电的产生与防止，培养学生的环保意识，讲能源的开发和利用、机械效率时，特别是水利资源丰富的丽水农村地区，培养学生的经济意识、效率意识，讲功的原理、能量守恒定律时，补充介绍一些物理学工作者研究永动机的故事，培养学生遵循自然规律办事的意识推至人类社会，人是社会动物，就要遵循一定的社会规律和与社会发展相适应的社会准则，在社会行为、态度倾向和价值观等方面，与社会保持一致，这也是学生今后所在社会群体具有稳定性所必需的。学生也受到了辩证唯物主义教育。

利用试题着手体现人格教育

改革物理考试把体现人格教育作为一个十分重要的内容。转变考试的目的，从为选拔尖子学生变为为学生创造最好的教育，从重视考查知识变为重视考查学生的全面素质。如下面几道试题：

[例1] 大城市中建盖一些高楼，用玻璃做墙，由于太阳光反射，使附近的住户受较强的光照射不能很好的工作和休息，形成了一种新的城市污染（光污染）。本题唤起学生对自然的关爱和对社会的关注，激发学生的社会责任感。

[例2] 祖国统一是全体中国人民的共同愿望，两岸人民为实现"三通"做出了不懈的努力，2001年6月8日，"金门快轮"满载385名台湾同胞，首次实现了由高雄经金门直航厦门港，海上航行历时约12h，航行的平均速度约为25km/h，问：高雄到厦门的海上航程大约是多少km？本题激发学生爱国主义热情。

以教师人格影响学生人格教育

教师是学生在成长过程中对其影响非常重要的人，特别是在高中阶段，正是学生心理和生理变化显著，逐渐成熟的时期，一个"学高为师，德高为范"、注意方式方法于细微之处、全心全意为学生服务的教师，将为学生的一生播下幸福的种子，受益无穷。

因此，教师要加强自身修养的提高，"素质教育的关键在教师"。叶朗教授在季羡林先生92华诞暨人格教育主题茶话会上满怀激情地发言：加强人格教育就是在大学营造一种氛围。北大之所以有一种特殊的氛围，就是因为有季先生这样的一批大师。他们的人品、学问、胸襟、气质以及惊人的生命力和创造力，潜移默化地影响着北大的学生。中小学又何尝不是。

教师与其说是教书，不如说是教人，与其说是"言教"，不如说是"身教"。前苏联教育家乌申斯基曾经说过："在教育工作中，一切都应以教师的人格为依据，因为教育力量只能从人格的活的源泉中产生出来，任何规章制度，任何人为的机关，无论设想如何巧妙，都不能代替教育事业中任何教师人格的作用。"

物理教师的高尚人格除了体现在热爱职业，终身学习外，还体现在教师的处世态度、为人风格、价值观念、价值取向、思维方式，甚至包括教师的言谈举止、仪容服饰等素质外形。教师要成为学生可以师从的表率，必须不断地提高师德认识，培养师德情感，坚定师德信念，铸造师德意志，养成师德习惯，使教育者在教育过程中，自始至终将自己置于道德之内，将自己的伦理原则与受教育者的伦理紧密地结合起来，从而使教师在人格上所表现出来的力量，达到教育的最高境界"不教而教"。

总之，通过物理教学中的人格教育，发展了受教育者正确理解人和自然的关系，正确理解人与社会的关系并产生热烈的感情，形成了对美和善的辨别力和追求热情，发展了独立思考和独立判断的能力，使自己的心智得到和谐的发展，激发了内心的潜能，正如斯坦福大学校长有着极美好的阐述："人格教育是我们这个时代最深刻的需要，它赋予社会，世界以方向，目的和意义。"

8. 音乐学科中学生的人格教育指导

音乐教育者越来越关注音乐欣赏教学与大学生人格心理之间的关系，认识到通过音乐欣赏教学能影响人格的各结构层次。借用弗洛伊德的人格理论，着重探讨音乐欣赏教学同大学生人格中的"超我"之间的内在关系及音乐欣赏教学对人格之超我的影响表征，以此来加强音乐教育者的认识，从而更好地引导音乐欣赏教学实践。

长期以来，音乐工作者们较为深入地探讨了音乐欣赏教学在美育、德育、智育等方面所具有的功能及价值，取得了令人瞩目的成绩。而音乐欣赏教学与人的心理方面的探讨，也随着社会各行业、各阶层的人们的音乐欣赏实践活动的日益增多而越来越受重视，在社会音乐实践中，我们不难看出，人们已意识到了音乐欣赏与人的心理有密切的联系，如，在大型商场选择一定的背景音乐来适应顾客的心理，从而达到促进销售的目的；在工作之余，通过各种形式或途径来欣赏音乐达到释放或者减轻人的心理压力的目的；通过音乐疗法对分裂型人格的心理患者进行治疗等，在当今大学生面对的压力与日俱增的情况下，存在心理问题的学生也日益增多，其中人格问题尤为突出。

人格，作为组成人的心理的核心部分，往往被学者专家们单独提出来，成为他（她）们研究或探讨的重要对象。各不同层次、专业的学校也因此而试图通过各种形式或途径来完善学生的人格，从而达到心理和谐的目的。

"超我"在人格中的地位与作用

人的整个精神状态是一个能量系统、动态系统，这个系统即人格，在人格的内部有本我、自我、超我这三个子系统，一个人的精神状态便是人格系统内部三个部分相互矛盾、相互冲突的结果，"超我"主要是指人格中理想的部分，由自我理想和良心组成，是人格的第三个主要机构，是人格上专管道德的司法部门，"超我"的功能在于控制和引导本能，如果这些冲动不加控制地发泄出来，就可能危及社会的安定。"超我"为至善至美而奋斗，不为现实或快乐操心。它提出的与其说是真理，不如说是理想，它所奉行的是理想原则。超我一部分发源于无意识，一部分是儿童与父母的情绪联系及其自我——理想的产物。

弗洛伊德对"超我"的界定核心部分是自我理想和良心，这里我想照搬他所说的自我理想和良心概念。因为现代人赋予了自我理想和良心以更加广泛的意义，"超我"中蕴含了超然、超脱，它是心灵的自由状态。但正如弗洛伊德所说，"'超我'的功能在于控制和引导"，而这种控制和引导最终的目标在于使内心达到和谐的状态，从而使人自己更好地存在于现世中。

音乐欣赏教学的作用

音乐欣赏教学引导人格上受压抑的"本我"在"超我"中实现升华，弗洛伊德认为，人类的文明导致对人性的压抑，进而提出"超我"压抑人的本能，而艺术是使本能升华的途径，笔者似乎感到了"超我与艺术、文明"之间的错综复杂，我们只能简单地认为：欣赏艺术，是引导"本我"在"超我"中实现升华的重要途径，这种升华是如何实现的呢？音乐欣赏教学，为人格的理想提供了以下几个方面的内容；

（1）自由的审美状态。上文中提到了现代人对超我意义的理解，它包括心灵的自由状态，审美的境界是自由的境界，人生的最高理想是审美的人生，从审美心理学的角度解释，音乐欣赏所能提供给学生的"自由"，是基于一种"心理距离"。心理距离首先是指主体的心理活动，人是多种属性的统一，有认识的、功利的、审美的等多种属性。在对音乐的审美过程中，人往往将自身的功利的态度、认识的态度及一切非审美的态度加括号括起来，把音乐的认识的属性、功利的属性及一切非审美的属性也加括号括起来，只剩下纯粹的审美关系。

现实中，事物离功利越远，就越容易引起审美知觉，音乐艺术的非功利性特点正好符合这一点。这种纯粹的审美状态，使人超然于物外，进入理想化的精神境地，这也许是一种过于理想的绝对自由的审美状态，实践中是不可能完全的达到的，但我们可以无限地去追求它、无限地朝它接近，由此，教师在课堂教学中始终使学生感到轻松和不受约束是非常重要的，生硬的音乐知识的灌输和道德说教，是阻碍学生灵感迸发的障碍。

从小学到大学，学生经历了或正在经历各种压力：家庭、经济、升学、就业等。从心理而言，他（她）们迫切需要精神的避难或求乐，音乐教师把音乐之门打得越开，学生越能凭借音乐所带给自己的意象，甚至忘掉自身的存在，让心灵的翅膀随着音乐的流动而自由的飞翔。

（2）由感动至感化的升华。音乐直接打动感官，引起生理效应，所以感人，最普及而深入，中西神话和历史上都有不少关于音乐感动力的传说，城市有借音乐造成的，也有借音乐毁掉的；胜仗有用音乐打来的，重围有用音乐解除的等等。然而，感动是暂时的，感化是永久的，音乐由感动而达至感化，一旦它的和谐侵入到整个身心，成为固定的模型，习惯成自然，身心的活动也就处处不违背和谐的原则。内心和谐，则一切不和谐的卑鄙龌龊的念头便无从发生。

这里关系到的是音乐使人道德升华的问题，音乐之美带来的感动激发了学生真实性的流露，又能怡养性情，使性情的和谐流露为行为的端正。学生在审美愉悦中受到潜移默化的影响，被引向教化的目的，弗洛伊德认为超我中"良心"与道德是紧密相关的，学生在不断的感化中有了良心发现，久而久之，内心的世界在一种至善至美中变得自由和谐，为人处事也力求"美善"，从而达到一种理想的人生境界。

弗洛伊德认为，艺术能使压抑的本我得以升华，从而使人的心理能量得到转换，通过上文的分析不难看出：艺术能促使人进入"自由审美状态"、进而达到"感动至感化的升华"。这些过程，实际上就是使人的灵魂进入超脱、超然的境界的过程，如果不断的接受这种过程的训练，久而久之，学生个体的人格的"超我"部分将在人格的各系统中能保持平衡发展，最终走向人的心理的和谐。

音乐欣赏教学中的感动应该是无时无刻存在的，因为作品的创作动机中，很多是源于一种感动。音乐教师如何借助音乐的力量实现这种由感动到感化的升华呢？

一方面，教师应该尽量依据学生的人格心理特征，抓住音乐中那些情感的细节，去触动学生中我们见不到的最为细腻的情感的弦；

另一方面，教师自身的人格力量、对音乐的理解力等，在教学中也是时刻影响学生的。

因而加强教师自身各方面的素养尤显重要。一个善于将自身的生命揉入音乐教学中的教师，一定是一位很容易引起人感动的教师，能使学生的感动升华为感化，最能体现一位教师的教学艺术，艺术教育的最终目的是使受教育者实现超越，从而达到理想的和谐境界。进入这种"超我"的境界，压抑在人的本能中的心理能量迅速得到了转化，大学生的人格由此而逐步走向健康。

（3）对人格之"超我"层面的影响。"超我"是人格中最理想化的部分，它既是人们精神的避难所，又为至善至美而奋斗达至超然的境界。在音乐欣赏的自由审美状态中，在对音乐的感动和感化中，学生的人格心理受到的影响主要表现在如下几方面：

第一，更富爱心，这种爱心表现在使学生更加热爱自己、他人，热爱生活与热爱自己所生活的自然世界。当代的大学校园中，学生与学生之间表现出越来越冷漠。那些爱心和热情丧失的例子举不胜举，音乐怎样激发学生的爱心的呢？上文讲过，音乐对人的良心具有感化作用，音乐所引起人们的道德感，使学生在良好的自我意识状态下，对自身日常的人际关系中所表现的言语、行为也会有更为客观的认识，从而使自身看到："人，只不过是自然界一个微不足道的物，应该珍爱自己、关爱他人，"无论是教学过程中的细节或者音乐本身所传达的爱心，都有利于学生的身心发展，日本的江本胜在其著作《水知道答案》中，就描述过他用高倍相机拍摄到的水的结晶体在"听"到有关于"爱"的音乐时，会呈现出异常漂亮的结晶状态。有专家指出，人体内所含的水分子占据了人体成分的绝大部分，江本胜所做的实验，是否也会对我们也有所启示呢？在音乐欣赏教学过程中，音乐教师应尽量注意选择为大学生人格的道德与良知的培养带来有益的帮助的作品进行欣赏。

第二，使心灵更趋于宁静，这种宁静表现在对待他人态度平和，对待学习有较为稳定的进取心理等。与宁静相反的是浮躁，这一点在当代的学生中表现得尤为突出，无论对待学习、工作，还是他人等都不同程度的存在着这种现象，音乐如何能使人变得宁静呢？这与人格的结构和谐发展的结果有关。前面笔者论述过"本我"的心理能量与音乐作品的"异质同构"，从而达到宣泄情感的目的，实现"本我"的需求；"自我"通过对音乐的认识、情感、抑制作用，使"自我"能较好的控制和协调内心状态的平衡，上升到"超我"，音乐作品仿佛使人脱离尘世的喧嚣，进入到心灵的自由状态，基于这"三我"的相互作用，在"超我"部分音乐对学生的心理所产生的宁静感就自然彰显出来了，宁静是一种自由状态，也是"人生所追求的一种美好的理想状态"。

作为教师，应该在教学中密切联系学生的人格状况，精心设计好自己的课堂教学，这样才能在教师——音乐——学生之间构建一种和谐的教学氛围，实现音乐教育和谐心理的教育目的。

9. 美术学科中学生的人格教育指导

良好的艺术素养对于健全人格过程中有着重要的意义，美术教育具有强烈的情感和德育功能，对造就全面发展的人是不可缺少的。同时美术教育是一种人文素质教育，根本目的是从精神上塑造人、教育人、提高人文素养，优化人性，树立高尚的人格理想和道德追求，使人能得到全面的发展，从某种意义上来说，美术学者孜孜以求的作品，实质上正是他自己人格的体现，美术教育实质上就是一种人格教育。

而长期以来高校的美术教育侧重于对知识和技能的传授，忽视了美术教育所具有的陶冶人的情操，塑造人的人格等方面的功能，这就制约了美术教育对于培养、完善学生人格素质所具有功能的发挥，因此高校美术教师必须注重学生美术学习中技能学习与基本素质、个性品质与思想情操的同步发展，担当其人格塑造的责任，培养符合社会发展的德才兼备的人才，这也是现代美术教育的最终和根本目的。

高校美术教育对学生人格塑造的作用

人格是一个人心理、生理和社会行为各个方面综合的整体概念，是一个人内在品质和外在行为的总和，人格具有相对稳定性和可塑性，健康的人格是人类追求的价值目标。人格教育，是促进与意识倾向相联系的气质、性格、品德、态度等人格因素健康发展的各个方面的教育，塑造人格是教育的基本目的之一。

高校美术教学在学生人格塑造方面具有独特的作用，即通过美术教育为学生呈现一个丰富多彩的世界，使得他们能从感觉和体验创作中获取实现自我生命的潜能和乐趣，获得真善美等人格素质的熏陶和洗礼，因此美术教育对塑造学生人格具有重要的作用。

（1）美术教育培养学生高尚的人品。美术教育不仅是美术知识和技巧的传授，而且也是学生人品的教育。目前由于学校过于强调学生专业技能的训练，忽视了对学生全面素质的培养，特别是品德修养教育，使得学生在功利主义思潮的影响下，形成了见利忘义、只注重经济利益多少的短期行为，在学习上忽视美术理论和素养，在实践中往往个人主义而缺乏集体主义合作精神，甚至是损人利己。

这样的学生即使美术技巧再高，也是不符合社会发展需要的。在美术教育中通过审美教育，使得学生获得树立正确的审美情趣和高尚的道德观念，懂得人生的意义和价值，培养学生具有坚强的毅力、自信、谦虚、敬业、责任感以及真善美的追求，这些人品特点是现代社会必不可少的。

（2）美术教育中培养学生审美能力。审美认知能力是对美好事物的认知判断能力，具有创造性的个体精神，是对事物深刻、正确的认识，这些要通过美术教育来完成。一件好的美术作品都具有那个时代的审美思想，它以直观的形式和特有的复杂性激发人的审美认知能力，这种审美认知能力不受制于现实生活的影响，是美术教育中人类所形成的特有的认知方式，因此高校美术教师要通过对作品的构成、形式和蕴涵意义的介绍帮助学生形成正确的审美能力。

同时美术教育中的情感活动是一个复杂的过程，在情感与想象的互动中，使得艺术欣赏成为一种超脱普通情感、摆脱功利性的审美情趣，这种带有价值定向的审美情趣是对人们普通情感的综合、选择以及创新，由此可见美术教育中的审美情趣培养，是通过审美活动为媒介，使得人们的情感不断丰富和完善，从而达到个体心理的成熟和完美人格的塑造。

（3）美术教育培养学生的创新精神。健康人格的塑造包括学生具有一定的创新意识，美术教育中对学生创新意识的培养实质上就是对人和人格精神的培养。创造是一种开拓性的活动，它要求主体具有创造的知识、技能、经验以及情感、意志等非智力因素的参与。美国教育家罗恩菲得认为，"个人的创造力是任何创造艺术中的属性，美术教育的目标是使人在创造的过程中变得更富有创造力，这种创造力即是生活和职业的重要基础。"教师的职责就是要刺激潜藏在学生心灵中天生的创造、探索、处理材料的欲望，为创造力的产生营造宽松的氛围。

（4）美术教育促进学生意志心理结构的完善。意志是人格构成重要的方面，是一种精神品质和心理支撑力量，健全的人格必须具备顽强、坚韧不拔的意志，也是人积极进取、不断发展的动力。美术教育从影响人的情感入手，通过熏陶、感受、作用于人的情感，从而影响人的性格，对人的精神起到激励、升华的作用，并且能有助于学生摒弃消极不良的情绪，营造良好的心境，因此美术教育通过为学生展示人生的美好，促进了学生的个性心理结构向完整性和平衡性发展，同时美术教育从精神上，在审美体验和创造性实践中激发和塑造学生的意志品质，使得人变得更加坚强。

（5）美术教育培养学生良好思想道德素质。美术教育提倡真善美，正如鲁迅先生说过，"美术之目的虽与道德不尽符，然其力是以渊邃人之性情，崇高人之好尚，亦可辅道德以为治……"因此美术教育体现了真善美统一的崇高道德行为，通过寓教于意生动形象的展示，易于学生所欢迎和接受，这会激励学生对美好事物的追求，如美术教学中对祖国山河自然美作品的欣赏，会激发学生强烈的爱国主义热情等等。因此高校美术对于培养学生高尚的情操，树立正确的人生观以及形成良好的思想道德品质起到了重要的作用，同时也是学生走出道德危机、道德沦丧的重要途径。

高校美术教育对学生人格塑造的途径

（1）强化民族传统艺术教育，继承民族优秀文化。美术教育要充分重视我国民族优秀的艺术作品欣赏，切忌盲目全盘西化的趋势，要采用中西结合，在我国基本国情的基础上有选择地借鉴国外优秀的艺术成果，这对于学生形成正确的审美观、激发学生的爱国主义热情以及塑造完善的人格起着重要的作用。比如美术教育中可以大力提倡中国画和书法艺术，让这些传统的文化瑰宝渗透于学生的心灵深处，可以升华、陶冶学生的人格塑造。

（2）树立正确的美术价值观，淡化美术的功利性。随着市场经济的发展，功利主义不可避免的会对艺术产生不良的影响，各种急功近利的美术教学手段不仅歪曲了美术艺术的本质，而且将学生的人格塑造方向引向歧途，因此美术教师首先要提高自身的道德修养，将自己的人生追求和美术教育事业结合起来，为学生树立一个良好的形象；其次美术教育要明确美术艺术的游戏本质，只有具备这样的心灵才能获得自由自在的美术学习乐趣，才可以淡化艺术的功利性，创造一个良好的美术教学环境。

（3）推进美术教育体制，提高艺术素质修养。美术教育要从体制上进行创新，改革教学内容和人才培养的目标，在评价学生时要美育与德育并重，着重考核学生的感受力、审美力、创新力以及艺术领悟能力，并将学生的爱国主义情操与道德素质结合起来综合判断学生的人格修养；其次美术教育离不开全社会的支持与道德素质的提高，社会大环境的状况直接影响美术教育的成败，因此社会要加大对美术事业的投入，重视社会软环境的建设，大力提倡高雅艺术和民族艺术，形成良好的社会美育氛围，总之美术教育若能发挥它的特殊作用，对我国民族人文素质的提高将起到巨大的推动作用。

10. 小学生的个性培养指导

要使学生全面发展，就必须注重学生的个性发展。社会主义教育的培养目标强调人的全面发展，就是要使学生具有作为完整的人所具有的品质和才能都得到充分的发展，同时还要因材施教，发展学生个性，使之能更好地发挥个性特长，作用于社会。

为此，我们教师要转变教育思想，认清应试教育存在的弊病："重教不重学，着眼点是应付考试；重知不重能，造成高分低能现象；重灌不重趣，把学生当容器，靠外力把学习内容强制性地压给学生；重绩不重德，着眼考分，不管育人。"这样培养出来的学生，没有个性，没有能力，不能适应时代的需要。

现实情况表明：现在的小学生在严格管束下尚能搞好学习，一旦离开这种管束，需要学生自己决策、自我管理的时候，多数学生就感到无所适从，甚至出现偏差。这样的例子并不少见，如有的学生在生活中、在学习上遇到不如意的事，碰到较难克服的困难时，就没有了主张，有的甚至选择了出走、轻生自杀等做法；为了表现自己的"成人感"，一些学生却选择了抽烟、酗酒、打架、斗殴；为满足好奇心，一些学生整天沉溺于电子游戏机室里……这些现象充分说明学生的素质有待提高，而其个性的发展，也进入了一个令人担忧的误区。

因此，教师在教学中必须正确处理好"教书"与"育人"的关系，发展全面素质与发展个性的关系。

在新形势下，推行素质教育，教师不仅要增强素质教育意识，更要吃透素质教育的内涵。

全面性

它强调人人有受教育的权利，人人有文化，人人能成才。这里的"全面"，不只是指共性的全面的基础发展，还有因人而异的个性特点。如果只有共性的发展，而没有个性的发展，对一个学生的素质来说，还不是全面的，对培养新时代需要的有创造性的人才也是不利的。

合格性

它强调合格公民基本素质的培养，以学会做人为首要任务。提倡学会学习，学会生活，学会关心，为学生自我学习、自我教育、终身教育和受高一级的学历教育打好基础。而学生良好个性的发展则是学生做人的最重要的基础。

主体性

它强调学生整体素质的全面发展，生动活泼的个性优化发展。强调学生在教育教学过程中的主体地位，发挥学生的主体能动性和创造性。而良好的个性能得到充分发展，便是学生主体性充分发挥的具体体现。

开放性

它强调教育要面向现代化，面向未来，面向国际社会。教育是为了培养 21 世纪有科学精神和献身精神的新生代。它重视人的发展后劲，即个体的潜在创造性。因此实施素质教育，必须使学生具备适应未来社会需要的素质，有利于个体潜在创造性的发挥，这就需要十分重视发展学生的个性。

优化性

这种优化强调教育财力、时间、精力投入与产出的最优化，最有效。它强调师生劳逸结合有度，劳动时间集约化，为学生赢得自由支配时间，以利于学生个性优化发展。

由此可见，素质教育的全面实施，必须十分重视学生个性的培养和发展。主要可从以下几方面入手：

（1）激发兴趣，强化内驱力。兴趣是学生活动中最现实、最活跃的因素，是学生感知事物、追求新知识、发展思维的强大内驱力。因此在实施素质教育的过程中，要发展学生的个性特长，培养和激发学生的个人兴趣是不可忽视的。在愉快教学、情境教学、尝试教学的教学实践中，以引人入胜的导入，新颖有趣的设问、生动形象的电教、变化多样的游戏、扣人心弦的表演等引发学生兴趣，效果显著。兴趣从活动实践中形成，也可以在活动实践中发生变化。

小学生由于受年龄和阅历的限制，他们的兴趣有一定的局限性和不稳定性。教师必须依据社会的需要，因人制宜，因材施教，培养学生具有良好的兴趣，同时要因势利导，教育学生不能片面地强调只对某种活动有兴趣，而拒绝参加其他有益的活动；要引导学生善于强化和发展自己有益的兴趣，以强有力的内驱力，促使个性特长的形成和发展。

（2）指导学法，确保自主性。传统的应试教育以灌输为主，学生没有主动学习的权利，因而严重阻碍了学生的健康发展。如何使学生从这一"苦海"中解脱出来呢？主要方法是加强学习方法的指导，变"教"的课堂为"学"的课堂，还学习自主权给学生。

《学习的科学》一书中，强调要让学生掌握多种科学的学习方法，只有这样，学生才能更好地开展自主学习。比如课前有计划的预习，课上有目的的自学、讨论、交流，有指导的个人复习等。在学生生动、活泼、主动的自主学习的过程中，学生的个性也就有可能得到很好的发展。

（3）培养能力，注重个性化。《中国教育改革和发展纲要》中指出："21 世纪的竞争是科学技术和民族素质的竞争。"这种竞争说到底，就是人才能力的竞争。因此，素质教育中，必须加强学生能力的培养。能力是掌握知识技能的必要前提，不具备感知能力的人，就很难获得感性知识；缺乏抽象概括能力的人，就无法将感性认识上升到理性。

在当前科学飞速发展、知识剧增的情况下，学生具有自主地获取知识的能力是非常重要的。有了自主学习的能力，学生学习的积极性就能充分调动起来。就能通过独立思考去理解和掌握基本规律，举一反三，触类旁通，促进学生思维能力的发展，提高独立解决问题的能力，使其个性得以优化。

（4）优化情感，发挥推动力。心理学认为，情感因素对学生的个性形成，具有动力功能、定型功能和补偿功能，对学生的学习方向、学习过程、学习成绩能产生重大影响。

因此在素质教育的课堂教学中，应该十分重视对学生情感素质的培养。

通过教学使学生在个人品质、价值取向上有个正确的定位，正确认识自身的人生价值，明确自己应尽的社会责任，为实现共同的奋斗目标，乐于奉献。这样的情感因素，对学生个性的发展，将起着决定性的推动作用，有助于学生独立人格的形成，既能自尊、自爱、自律、自立、自强，又能尊重、关心、爱护、同情和帮助他人。

因此，我们在教育教学过程中，要优化情感因素，以推动学生的个性发展。

学生的个性培养与发展是素质教育的重要组成部分，我们在全面实施素质教育时，必须重视学生的个性发展，这是学生成长的需要，也是时代赋予教育工作者的历史使命。

11. 技工学校学生人格教育

技工学校的学生相对于中学生已不再是"做题机器"，他们有了更多的时间和更大的空间展现自我。可一旦失去约束，目标不明确了，反而突显了他们自身人格上的一些缺陷，比如说，目无尊长不听劝，无心向学无志趣，逃避责任不诚实等。来到技工学校的学生多是在中学里成绩不优秀，不受老师待见的学生，并不是他们天生愚顽，而是那套体制局限了他们自身的发展，他们看不到自身的优势，一直成长在那些尖子生的影子里。面对这些问题，作为教育工作者，应把人格教育作为首要，但千头万绪，我们该从何入手？

明确学生应该养成什么样的品质

首先要明确技工学校的学生应该养成什么样的品质：

（1）是遵纪；

（2）是爱感，学会感谢、感恩，热爱自己的班级；

（3）是诚实；

（4）是责任；

（5）是团结；

（6）是爱好劳动。

逐步实施人格素养工程

其次，针对这些目标，我们需要制定计划，逐步实施人格素养工程，其步骤如下：

（1）走进学生心灵。了解学生进而理解他们。对于有问题的学生，我们常用的方法是"动之以情，晓之以理"，但有时磨破了嘴皮子也不管用，实际上是开错了药方，我们把问题简单化、公式化、模式化，多年如一日，习惯了定势思维，这是不可能走进学生心灵的。

我们要学会思考，要有人际沟通的能力。作为教师首先是一个教育者，其次才是一个学科老师。知识在一定意义上说，是大家交流的话题和媒介，我们要在学习知识的过程中促进人与人的交流。面对不顺心的学生，重要的不是我们的感觉，而是他们的感觉，决定下一步如何动作的不是我们的心态，而是他们的心态。哪个学生不知道上课不该说话，他之所以还说，有别的原因，你要解决问题，就要在那个原因上下功夫。感叹学生"明知故犯"，完全是浪费精力，浪费感情，你非要和学生较劲，那你的思路立刻就从"维持纪律"转变成了"维护个人威信"。

因此必须了解学生现时关注的问题、心理特点，把好他们的脉，把每一个学生的心灵作为思考、研究、倾听、感受和欣赏的对象。

（2）唤醒学生思考。模范教师王西文说："教育是一个灵魂唤醒另一个灵魂的过程，只有触及人的灵魂并引起灵魂深处的变革才是真正的教育。"我们走进学生心灵，了解理解他们，下一步就是影响他们。学生崇拜老师，并不仅仅在于教师的职业，他们更崇拜教师正直的为人，坦荡的胸怀，渊博的知识，丰富的阅历，办事的胆识，处事的干练，崇敬的是一颗永远真诚、热情、年青的心，老师的人格力量是影响学生的重要因素。

我们在充分了解学生的基础上，发挥我们的人格魅力，去影响他们，让他们学会明是非、知荣辱、守诚信、讲奉献、能吃苦、懂节俭、有情义。这中间学生是主角，我们要给他们提供一些道德两难问题，激发他们的道德思考，形成他们的道德能力，他们要从自己的成长过程中总结经验教训，逐步提高自己的人格素质，明确努力方向。

（3）共同塑造完美人格。教师对学生人格的发展具有指导定向的作用，教师既是学校宗旨的执行者，又是学生言行评价的标准，教师的言传身教对学生产生着巨大的影响。每个教师都有自己的风格，这种风格为学生设定了一个"气氛区"，在教师的不同气氛区中，学生有不同的行为表现，在性情冷酷、刻板、专横的老师所管辖的班集体中，学生的欺骗行为增多；在友好、民主的教师气氛区中，学生欺骗减少。学生非常看重老师对他们的态度是否公平，学生需要老师的关爱，如果教师把自己的热情与期望投放在学生身上，学生会体察出老师的期望，并努力奋斗，以实现老师的期望。

所以特级教师李镇西提出这样的观点："以人格引领人格，以心灵赢得心灵，以思想点燃思想，以自由呼唤自由，以平等造就平等，以宽容培养宽容。"我们也常常说教师无小节，处处是楷模，让师生携手共塑完美人格，成就美丽人生。

12. 中职学生的人格教育指导

在中职院校大力开展人格教育，培养具有健康人格的高素质劳动者，既是青少年健康成长的需要，也是时代发展的必然要求。结合中职学校学生的特点，结合语文学科的特征，进一步明确了语文教育中人格教育的内涵，阐述了中职语文教育应注重学生的人格教育问题，并对如何在中职语文教育中实施人格教育进行了初步探讨。

二十一世纪的青年，应当是适合于飞速发展的社会要求的高素质青年。不仅要具有高度的人文知识，更要具备高度的人文素养。这里所说的人文素养，主要指高尚的人格。作为人类文化载体的语文教育应当"发展学生健康的个性，形成学生健全的人格"，这是语文"工具性"和"人文性"并重的体现，是教育新理念的体现。在大力提倡素质教育，语文教育呼唤人文精神复归的今天，有必要提出这样一个命题：中职语文教育应注重学生的人格教育。

语文教育中人格教育的内涵

人格指个人的精神面貌或心理面貌。从现代心理学观点看，人格是人的性格、气质、爱好、品德、操行、观点、态度等心理特征的总称。皮连生教授在《学与教的心理学》中对"人格"的涵义作如下阐述："人格首先不是指个别心理特征，而是个体全部心理特征的综合。其次，个体的人格特征不是偶然的现象，而是一贯的稳定特征。最后，每个人都有不同于他人的一组人格特征，也就是说，人格主要是与他人相区别的个人特征。"根据皮教授的阐述，我们把人格作如下定义：人格就是个人独特而稳定的全部心理特征的综合。人格是在先天生理素质的基础上，通过后天环境、教育的影响而形成和发展起来的。

人格教育是指塑造健全人格的教育。包括促进与意识倾向相联系的气质、性格、爱好、品德、操行、观点、态度等人格因素健康发展的各方面教育。塑造健全人格是教育目标之一。

根据心理学家对人格及人格教育涵义的阐述，根据语文学科的自身规律，我们认为语文教育中人格教育的内涵就是在培养学生语文能力的同时，重视修养学生的情操和情趣，发展学生健康的个性心理素质，塑造健全的人格。

中职语文教育中注重学生的人格教育

为什么在中职语文教育中要注重学生的人格教育呢？

（1）语文人格教育是世界语文教育发展的共同趋势，在语文教育中实施人格教育是顺应现代教育潮流的需要。通过教育培养学生健全的人格，是当今世界教育发展的共同目标。正如联合国教科文组织 1993 年在北京召开的"面向二十一世纪的教育"国际研讨会上强调的那样，人类在 21 世纪面临许多挑战与考验，但首要的却是对人的道德伦理和价值观的挑战。人的思想、道德、精神等人格的健全，将是未来社会高素质人才不可缺少的基本特征。世界许多国家的教育研究重心已从历来的"智力开发"转向"人格培养"。日本提出 21 世纪的教育目标是：宽阔的胸怀，健壮的体魄，丰富的创造力，自由、自律的精神。美国面对日益严重的社会问题，也已把品格教育作为刻不容缓的教育大计。美国洛杉矶联合校区所辖 11 个学区的中学，已决定引入人格教育课程，目的是培养学生的诚信、相互尊重和责任感。

（2）语文学科的性质和任务规定了人格教育应成为语文教育的一项重要任务，新的《课程标准》对语文学科的性质和任务作了明确的界定。语文学科是"最重要的交际工具，是人类文化重要组成部分"，体现了"工具性"和"人文性"并重的精神。特别强调"语文学科对于培养学生创造精神、创造能力和提高人文素养方面所承担的任务"，提出要"注重道德修养、人文精神、审美情趣和文化品位的培养"，要"发展健康个性，形成健全人格"。明确提出了语文教育在培养学生健康人格上应承担的责任。于漪老师在理论研究、现实分析的基础上得出结论："语文学科作为一门人文应用学科是语言的工具训练和人文教育的综合。"主张学语文不是只学雕虫小技，而是学语文学做人，语文教育就是教文育人。

（3）人格教育是中职素质教育的内核，我们职业教育培养的是同二十一世纪我国社会主义现代化建设要求相适应的，具有综合职业能力的，直接在生产、服务、技术和管理第一线工作的中等应用型专门人才和劳动者。由此可见，职业教育具有它的特殊属性，这种特殊属性决定了职业教育的特色之一就是它的市场导向性。这种市场导向使人们首先想到的是如何把学生培养成一个对社会直接有用的人，以适应现实社会的选择。中职教育正肩负着培养社会主义现代化建设所需要的德才兼备的专业技术人才的重任。

我们要引导学生既要学习知识，又要掌握技能，更要学会做人。然而中职生大多数是那些学习成绩差，在原来学校学习不跟班、学不进去的学生。在原学校和班级中是不受初中教师欢迎的、受冷遇最多的群体。因此中职学生大多数存在着以下的思想道德问题：

①主要表现在学习目标不够明确，学习自信心不足，自我评价较低；

②对学习提不起兴趣，不会学习，没有形成良好的学习习惯；

③思想上不求进步，学习上不思进取，生活上自由散漫。

此外，诸如说谎、自卑、冷漠、逆反等心理问题也占相当比重。凡此种种，都显示出部分学生中存在着人格缺陷，也表明了实施人格教育的艰巨性。职校生是一个不容忽视、不可小视的社会群体，是未来社会发展进步和城乡建设的生力军。2002年8月，国务院下发的《关于大力推进职业教育改革与发展的决定》中明确提出：中等职业技术学校要"加强文化基础教育、职业能力教育和身心健康教育，注重培养受教育者的专业技能、钻研精神、务实精神、创新精神和创业能力。"

应该说，职校学习时期是职校生从心理幼稚走向成熟的过渡时期，是他们的个性人格趋于定型的时期，也是对他们进行心理教育的最佳时期、关键时期。因此，面对职校学生的这些思想实际，中职校的语文教育在"授业""教书"的同时，还要强调、突出"传道""育人"。使他们在语文教育中获得一种深厚的人格修养。健康人格的养成，是社会主义市场经济健康有序发展的主观保障，有助于提高人们的精神境界和思想境界，在令人眼花缭乱的市场经济大潮中抵御物欲，辨明方向。

因此要想改变这种状况，需要彻底改变我们的教育理念，要将人格教育富于语文教育之中。在中职素质教育中着眼于培养学生健康、完美的人格，为学生今后投身社会，从事建设打下坚实的人格基础。

如何在中职语文教育教学中实施人格教育

人格教育是思想政治教育的基础。语文素质教育的核心就是语文人格教育。那么如何在中职语文教育中实施人格教育呢？中职校的语文教育中的人格教育可从教学方法、手段的运用，语文教材及教师自身几方面实现。

（1）创设人格教育的课堂教学环境。课堂教学是实现教育目的主渠道，也是人格教育的主要途径。课堂教学中采用科学的教学方法和手段发展学生个性，培养健全人格。如：创设民主平等、充满活力的课堂；重视"合作教学"，发挥学生在学习过程中互教互学的积极性，培养学生的合作能力；优化课堂教学操作过程，力求创新，重视学法指导，让学生学会学习。如采用辩论、演课本剧、质疑、背功大比拼等教学形式和手段对学生进行人格教育。

（2）从教材中汲取人格教育因素。语文教材是人格教育的载体，中职语文教材中，有众多古代圣贤、领袖英雄、仁人志士的典范事迹、精辟论述、格言警句等折射着人文精神光芒的材料，现代作品中有许多热爱祖国、尊老爱幼、关心他人且认真细致谦逊的课文，这些表现出社会责任感的篇目，最适合对学生进行人格教育。在语文教育中，因课制宜、因势利导，将教材中的人文因素发掘出来，充分发挥，深入阐述，使学生受到陶冶，铭记在心。

如《刘备三顾茅庐》中刘备尊重人才、礼贤下士、求贤若渴的仁君形象；《在马克思墓前的讲话》了解马克思生命不息，战斗不止的高贵品质；《在大海中永生》领略了小平同志的伟大形象和人格魅力；《荷花淀》、《纪念刘和珍君》等篇目的人物形象更闪耀出忠于祖国、尊老爱幼、勤劳、认真、谦逊的美好情感和崇高品质。

如学习《项链》一文，不仅要让学生认识到虚荣的危害，还要让学生体会到玛蒂尔德那种勇于承担责任、吃苦耐劳的品德；《威尼斯商人》中鲍西亚机智沉勇、胆识超群的智者形象；《拜伦的故事》中拜伦身残志坚、勇于挑战的强者形象；《我的母亲》中母亲勤劳刻苦、意志坚强的思想性格；《假如给我三天光明》则使学生激发起对生活的热爱……这些都是对学生进行人格教育的光辉榜样。因此，教师应自觉把这些资源充分利用起来，让高尚的情操、崇高的思想通过语言文字流入学生的心田，提高文化品位、审美情趣，使学生认识社会，认识人生，领悟做人的道理，取法乎上，见贤思齐，形成健康的人格，树立理想的人格目标。

（3）加强教师人格修养。人们常说只有一流的教师才能教出一流的学生，每个老师本身就是一本内容丰富的教科书，研究表明教师的作用在学生人格的塑造形成中至关重要。这就对老师提出了要求，要培养学生健全的人格，首先要求教师要有健全而高尚的人格。语文教师如果具有顽强的意志、开拓进取的创新能力、乐观自信的上进心、宽以待人的包容心等健康的心理品质；具有人本思想、开放的大语文观、终身学习等先进的教育观念；具有严谨的治学态度、过硬的教学本领、扎实的语文功底等学习品质，就一定能赢得学生的尊重和爱戴，其人格也会给学生以潜移默化的影响。正如车尔尼雪夫斯基所说："教师要把学生造成一种什么人，自己就应当是这种人。"

　　总之，新时代新挑战，作为教师，作为中职学校的语文教师，在中职语文教育中既要着眼于学生语文水平和人文素养的提高，又要从学生的特点与社会的需要出发，在语文教育中，运用更多种恰当的方法，从各个方面去感染学生，从而激发他们学习的兴趣，培养他们的学习能力，发展他们健全的人格。把语文教育与学生的人格教育、学生职业能力的培养紧密相连，使他们适应市场人才竞争需求，在工作中能更好发挥主观能动性，创造出更大的社会价值。这样我们的语文教育才有其社会现实意义并真正达到教书育人的效果！

13. 高校大学生的个性培养指导

　　目前，个性培养教育已在全国开始推行，并取得了初步成效，但尚未形成一套有效的教学模式。因此，在我国高校进行个性培养教育实际应用经验欠缺和素质教育对高等学校提出迫切要求的矛盾下，我国高校对大学生进行个性培养教育，不妨从以下途径开展。

　　案　例

　　小 A 是一名来自河南郑州的保送生，出生在一个知识分子家庭，家庭条件比较优越。因为是家中唯一的男孩，加上是父母晚年得子，注定了他在家庭中特殊的身份与地位。小 A 天生比较聪明，学习非常好。小学升初中时受点小挫折，但初中后的学习成绩一直在班级前列。这样的家庭环境和学校环境铸成了他特有的性格——自信与自负。同时，恰恰是他的这种性格导致了他不能处理好与同学之间的关系，上学期间也一直没有担任过学生干部。后来，由于学习成绩出色，他以保送生的资格进入大连理工大学计算机系。

新生开学后，小 A 以班级代理班长的身份出现，军训时又担任了连长职务。

在这段时间里，他性格中的弱点影响了他在同学心目中的地位。在班级正式选举班委会和团支部时，他退出班长的选举。在与他谈话过程中，辅导员了解了他想当班长但怕选不上的想法。经过慎重考虑，辅导员决定班长一职暂时由别人担任，但给了他一个大胆实践的机会——做副班长，主抓学生的寝室建设。在担任副班长工作之初，小 A 工作比较投入，经常找辅导员谈心，有时也写思想汇报。而且，第一学期他的学习成绩还比较好，工作颇有成效，性格也稍有改变。第二学期开学，他信心十足地向辅导员表示本学期学习成绩要拿班级前三名，而且要参加大学生数模竞赛。可是，辅导员后来得知，他没有参加数模竞赛，连担任的那份副班长工作也未能尽责，甚至在期末考试的 5 门功课中，他有 3 门不及格。

究竟什么原因使小 A 下降得这么快呢？通过了解得知，他的一位叔叔想资助他出国留学，他于是在学业上有所松懈。而且，他过于自负的性格又一次作祟———他瞧不起班委会的其他同学，甚至对辅导员也有些不信任。为了摆脱眼前的无奈现实，他选择了玩电脑游戏来获得解脱，最终使自己陷入尴尬的局面。

分　析

通过这个案例，我们可以看到，消极的个性心理可能影响到自身的健康成长。而有针对性地对大学生进行个性培养教育，有助于学生更好地成长成才，有助于营造良好的校园文化环境。所谓个性培养教育，就是对于不同的受教育者，根据其自身的个性，有针对性地进行培养和教育的过程。这要求在实际工作中，教育者一方面在思想上有意识地使受教育者的个性得到充分、积极、自由的发展，同时要善于培养受教育者的自主性、独特性、创造性以及个性的完整性。

目前，个性培养教育已在全国开始推行，并取得了初步成效，但尚未形成一套有效的教学模式。因此，在我国高校进行个性培养教育实际应用经验欠缺和素质教育对高等学校提出迫切要求的矛盾下，我国高校对大学生进行个性培养教育，不妨从以下途径开展。

研究个性特点，建立大学生个性分析档案。思想政治教育的对象是具有个性心理的活生生的人。这不是由思想政治教育者的主观意志决定的，而是由人们的生产、生活实践决定的。了解大学生的个性主要应从三条途径入手。

其一，向本人直接了解，即"听其言"。

其二，在实践活动中了解，即"观其行"。

其三，向同学广泛了解。因为个人的观察分析往往是片面的，可行的办法是通过广大同学的认可、鉴定和竞选、综合测评等把握学生的个性。在研究大学生个性特点的基础上，建立大学生个性分析档案，对每个学生的个性心理进行全面、客观分析。

创设广阔的活动空间，为学生个性培养教育创造尽可能多的机会。大学生个性的培养教育渗透在大学生活的各个方面，因此可以利用大学生活的一切内容和各种时机，对大学生个性的形成加以培养。

一方面，学校应创造良好的校园文化活动空间，组织一些启迪思想、开发智力、强壮体魄的活动，鼓励大学生在学习之余积极参加社会、科技、文化等业余活动。事实证明，丰富多彩的活动既能使学生增加阅历，增强自我体验，又能使学生在积极的参与过程中增强情感、激发兴趣、增长才干、磨练意志，使学生个性向较高层次发展。

另一方面，提供锻炼机会强化大学生的个性特长。在分析掌握学生个性特长的基础上，根据学生个性安排适当的工作，以个性的发挥带动学生的全面发展。

充分利用和谐校园环境培养发展学生个性。学校环境是学生个性形成和发展的源泉之一。环境潜在的教育功能可以使人汲取社会的精神文化，培养人们的活动能力和社交能力。校园内部和谐环境包括三个方面：

（1）是校园硬件环境的建设，文化设施设计形式应力求新颖，内容引人向上。

（2）是校风、校纪软环境的建设，从某种意义上讲，校风、校纪对学生有着无形的教育和影响。这种影响与约束往往对学生个性的形成与发展起到定向定位的作用。

（3）是和谐的人际关系的建设，和谐的人际关系是学生个性培养与发展的保障。

（4）是丰富多彩的校园文化的建设，雅俗共赏、丰富多彩的校园文化环境不但能激发学生的学习热情，而且能陶冶学生的情操，同时更是学生个性心理培养的催化剂。

发挥教师的个性魅力，用人格和知识的力量培养发展学生个性。在学生个性培养方面，教师的个性影响是重要因素。教师的个性会通过日常的教育活动和与学生的交流潜移默化地影响学生。这就要求教师必须加强自身修养，既要有广博的知识，又要有高尚的道德情操。通过自己坚忍不拔的意志品质，以人格和知识的力量影响学生。

第二章

学生完善人格教育的故事推荐

1. 虞舜以孝闻天下

舜，是颛顼的六世孙。虞舜20岁以孝闻名天下。30岁为尧所知并娶其两女。50岁代尧行天子之政，在位39年。虞舜所处的时代，是历代政治家最为向往的社会。其时华夏族疆域扩大，政治清明，百姓安康。

对于有缺点的父母该不该爱？舜用他的行动为世人树立了一个榜样。

舜的父亲名叫瞽（gǔ）叟，就是"瞎老头"的意思。因为他有眼不识贤愚，便得了这样一个诨号。舜生下不久，母亲就死了。幼小的舜从未得到过父亲的疼爱。瞽叟不久又娶了一个年轻美丽的妻子，生下一个叫象的儿子和一个女儿，舜的日子就更不好过了。舜得不到一点家庭的温暖，性格却非常笃厚善良。他遭到父亲的毒打，总是默默地流泪，实在忍受不了时，就独自跑到荒野里大哭一场。尽管这样，舜仍然仁爱地对待他的父亲、后母和弟妹。

经过无数个难挨苦熬的日日夜夜，舜终于长大成人。他孝敬父母、友爱弟妹的贤名已传遍华夏各部。但是，狠心的父母待他依然如故，舜只好离家出走，来到他早就向往的东方。

舜先是在历山开荒种地，没过多久，历山的农民受他的感化，都争着让起田界来。舜又到雷泽去打鱼，过了不长时间雷泽的渔夫也都争着让起渔场来。舜后来又去寿丘制造各种家具器物，人们听说后纷纷迁来居住，仅一年时间，这地方就成为村庄，再过一年就成了一个较大的集镇，又过一年竟成为很大的城市。舜的名声由此更加显扬。

天子尧很赏识舜的天资为人，决定让舜继承帝位，并把两个女

62

儿娥皇、女英嫁给舜，让九个儿子伴随舜。结果在舜的感召下，尧的两个女儿都不敢以帝女自骄，而是像一般人家那样与邻里和睦相处。尧的九个儿子也都尊敬舜，性格也日益笃厚恭谨。尧非常高兴，于是赐给舜一把琴和一套细葛布衣，为他修建了几间谷仓，并且给了他一群牛羊。

舜自己做了天子的贵婿，并没有忘记他的父母，于是带着两个妻子去见家人。瞽叟一家人见舜携妻载物归来，非但没有收敛恶心，反而处心积虑地想把舜害死，好得到他的财产和妻子。

有一天，象喊舜去修缮谷仓，舜回家告诉了妻子。两个妻子每人送他一个竹笠遮日。当舜爬上谷仓后，象和瞽叟就从下边搬走梯子放起火来。舜将竹笠举起，从谷仓上跳下来，竹笠像鸟翼一样，增加了浮力，他居然没有一点损伤。

瞽叟和象一计未成，又想出另一阴谋。

这一天，瞽叟又叫舜去浚井。舜又回家告诉了妻子。两个妻子每人送他一柄锋利的铲子。舜下井后迅速在井壁用两把铲子凿了一个洞穴，刚刚凿完，瞽叟和象就搬来土石，往井里填土，填了一阵，听听井里没有动静，以为舜已死去，非常高兴，于是立即跑回家去分赃。

像抢功说："主意是我出的，两个嫂嫂和琴分给我，牛羊财物就给了爹妈吧！"说完就飞快地跑到舜家，拿着琴在那里摆弄，想得到两个嫂嫂的欢心。没想到，舜已用两把利铲把井凿通赶回家来。像见了大吃一惊，非常生气，过了好一阵才说："我正在想念你呢！"

舜丝毫也没有生气的样子，很平静地回答说："如果这样，你一定很懂得兄弟情义了。"

瞽叟和象还不死心。他们又借赔礼之名请舜饮酒，想把他灌醉后杀死。不想此事被舜的同父异母妹妹闻知。她同情哥哥的遭遇，连忙把这事告诉了嫂嫂。当象来请舜时，两个妻子分别送给舜一包解酒的东西，然后舜就去赴宴了。

宴会上，陪酒的人都醉得不省人事，而舜却毫无醉意，这场阴谋又失败了。

经过这几件事以后，舜待父母弟妹更加孝悌友爱。瞽叟和象深受感动，回心转意，一家人从此和和睦睦地过起日子来。

舜用自己的一颗爱心感化有缺点的父兄，为人传为佳话。太史公司马迁赞誉舜说："天下明德皆自虞舜帝始。"

2. 周文王访贤遇姜尚

商朝西方有个叫周的诸侯国。商朝末年，周的国君是周文王。他很敬重有本事的人，多方宴请他们来帮助治理国家，许多人都来投奔他。

殷纣王看到周的势力越来越强，十分害怕，找个理由把周文王召到首都囚禁起来。周文王的臣子为了搭救文王，搜罗了美女、好马和珍宝献给纣王，并且买通商朝的大臣，请他在纣王面前求情。纣王贪财，又喜欢美女，他得到礼物，便把文王释放了。

周文王获得自由以后，决心治理好自己的国家，以便寻找机会，推翻商朝，报仇雪恨。他看到自己手下虽然已有了不少文臣武将，可是还缺少一个文武全才能够统筹全局的人，帮他筹划灭商大计。为此，他四处留心，八方寻访这样的大贤人。

有一次，周文王外出打猎。在渭水之滨的一条小河边遇见一位钓鱼的老人。老人须发斑白，看上去有七十多岁了。奇怪的是他一边钓鱼，一边嘴里不断念叨："快上钩呀快上钩！愿意上钩的快来上钩！"再一看，老人钓鱼的钩离水面有三尺高，并且是直的，不是弯的，上面也没有钓饵，文王看了很纳闷，就过去和老人攀谈起来。

这老人姓姜名尚，又名子牙，是远古时代炎帝的后代。他曾在商朝的首都朝歌宰过牛，在黄河边上的孟津卖过酒。但由于不会做买卖，尽亏本。

姜尚虽然很有才华，但是在商朝却一直不得重用，真是岁月不饶人，一晃就成了七十多岁的老人，但他还想找一个施展才能的机会。他听说周文王广求贤才，所以到渭水边上来钓鱼，其实是在等贤明的君主来寻访他。

周文王在和姜尚的谈论中，发现姜尚是一个眼光远大，学问渊博的人。他上通天文，下知地理，对政治、军事各方面都很有研究，特别是对于当时的政治形势，分析得头头是道。他认为商朝的天下不会很久了，应当由贤明的君主来推翻它，建立一个新的朝廷，让老百姓能过上舒服的日子。

姜尚的话句句都说到文王心里。他本来就是为了推翻商朝，到处去寻访大贤人，这眼前的姜尚，不就是自己要寻访的大贤人吗？

文王恳切地对姜尚说："我们盼望您很久了，请您到我们那里去，帮助我们治理国家吧！"

说完，就叫手下人赶过车子来，邀请姜尚和自己一同上车，回到城里去。

姜尚到文王那里，先被立为国师，后来又升为国相，总管全国的政治和军事。周文王的父亲在世的时候，就向往着姜尚这样的大贤人了。所以人们遵称姜尚为"太公望"，后来人们干脆把"望"字去掉，就叫他"姜太公"。

姜太公做了周文王的国相。他果然是个栋梁之材，帮助周文王整顿政治和军事，对内发展生产，使人民安居乐业；对外征服各部族，开拓疆土，削弱商朝力量。最后，推翻了商朝，建立了周朝在全国的统治。

3. 周公言教身带论谦虚

周公，姓姬，名旦，是中国西周初期的伟大政治家。因为他的采邑在周（今陕西岐山东北）所以被人称为周公。他不但帮助武王灭掉商朝，武王死后，成王年幼，还由他摄政，管理国家。别看他地位很高，国务繁重，他还是非常重视对子女的教育的。

周公的儿子伯禽被封为鲁国的国君。临行前，周公告诫他说："你不要因为当了国君就骄傲起来而怠慢了士人。我是文王之子，武王之弟，今王之叔，我在国家中地位是不低的，但是我还是"一沐三握发，一食三吐哺"，兢兢业业，谦虚待人，总担心因为自己工作做得不好，而失去天下的士人呢！你到鲁国去，绝对不要因为是国君就看不起人啊！品德高尚而能恭恭敬敬者必定会发达兴旺；属地广大富庶而能节俭者，必定会安宁，官高位显而待人谦逊者，必定会愈受尊敬；兵多将强而不轻敌者，必能取胜；聪明智慧而又自以为愚者，必能不断进步；学识渊博而又自以为浅薄，虚心学习者，必定能日益增长见识。这六者都是谦虚的表现。所以《易》中说："有一种品德，大足以守天下，中足以守国家，小足以守身，这就是谦虚啊！"

伯禽到了鲁国以后，遵照父亲的教导来对待臣民，治理国家。当时鲁国君臣团结，社会风气也很好。后来，鲁国被人称为"礼仪之邦"。

4. 中山君有感于礼

中山君是战国时期一个小国的国君。一次，他为了拉拢士大夫，巩固他的统治地位，便请在国都住的士大夫来参加宴会。

其中有个叫司马子期的士大夫也应邀赴宴。酒过三巡，上羊肉汤了，每人一碗，唯独到司马子期坐前，羊肉汤没有了。司马子期坐在席间，觉得很难堪，于是大为恼怒，退席而走，投奔楚国，劝楚王讨伐中山君，自己做他的向导。楚兵一到，中山君匆匆逃跑了。

在仓皇逃跑途中，有两个手持武器的人，紧紧跟随中山君左右，保护着他。中山君并不认识这两个人，就问："你是什么人，为什么要保护我呢？"

这两个人回答说："大王您还记得吗？有一年夏天，麦子歉收，我们的父亲饿得躺在大路旁的桑树下边，眼睛都睁不开，马上就要死了。这时您从这儿路过，看到我们父亲的惨状，赶紧下车拿出一壶稀饭，很有礼貌地给父亲喝了，父亲才免于饿死。后来父亲在临终时嘱咐我兄弟说：'中山君救我一命，你们俩要记住，在中山君有难时，一定要以死守卫中山君。'我们俩要与您共患难啊。"

中山君听完后，仰天叹息说："给予人家的东西不论多少，主要是在他真正有困难的时候；失礼得罪人，怨恨不在深浅，在于使人伤心啊。我因为一碗羊肉汤失礼了，结果失掉了国家；因为一壶稀饭救了一个人，在危难之时得到了以死相报的两个人啊。"

5. 燕昭王拜郭隗为师

燕昭王（？—前279），名职，燕王哙的庶子，原流亡在韩，公元前331年即位，在位33年。

燕昭王是在燕国被齐国攻破后即位的。国破后，燕昭王时常往来于废墟之间，悼念战争中死去的勇士，慰问没有父母的孤儿。他自叹能力有限，希望能聘有才能的人重振国威。

一次，燕昭王对大臣郭隗说："齐国借内乱攻破了我燕国。我深知燕国国小力弱，没有能力复仇。希望能得到天下的贤士，洗国耻，振国威。希望先生能助一臂之力！"

郭隗说："大王，我听说过这么一个故事：古时候，有个国王，派近臣带千金去寻千里马。这人找到一匹死千里马，便用五百金把马头买了回来。国君大怒，要治罪。近臣跪拜说：'如果天下人知道死千里马您尚且肯买，那么活千里马就会接踵而来。'不满一年，他就得到了三匹千里马。现在大王一定想招贤纳士，就请大王把我当成一匹死千里马吧！"

昭王离座拜道："先生的话，真乃有理。我就此拜先生为师，敬望多多教诲！"

昭王拜郭隗为师后，专门为郭隗改建了房室，对他恭敬有礼。

天下人都说："燕昭王为人谦逊，能礼贤下士。"于是，有才能的人纷纷来到燕国。乐毅从魏国而来，剧辛自赵国而来，燕王均封为大臣，并命乐毅为亚卿。

燕昭王 28 年（前 284 年），派将军乐毅攻打齐国，占领 70 多座城市。此时为燕国鼎盛时期。

6. 孟母教子以礼

孟子年幼的时候，他们家离墓地比较近，孟子常到墓地里去玩耍。和小朋友们一起做一些模仿成人送葬一类的游戏。孟母发现这一情况之后，就说："这不应该是让孩子住的地方啊！"于是就迁居到一个闹市的附近。可孟子在玩耍时又学起小贩子沿街叫卖的事来。孟母说："这也不是我孩子应住的地方啊！"就又迁居到学校的附近。这时，孟子在玩耍时就学起祭祀、打躬作揖（yī）的礼仪来。孟母说："这个地方可以让我儿子住了。"于是就在这里定居下来。

后来，孟子有了妻室。一次，孟子的妻子在屋里休息时，将两条腿叉开坐着，孟子外出回来，一进屋看见妻子这个样子，就气哼哼地去找母亲。请母亲允许将妻子休了。这突如其来的事，把母亲弄愣了。便问为什么，孟子回答说："她坐着的时候把两腿叉开，像个什么样子。"孟母追问："你怎么知道她坐着的时候是把两腿叉开的呢?"孟子回答说："是我亲眼所见嘛!"

孟母严肃教导他说："不是你妻子没礼貌，而是你没有礼貌。《礼记》上不是说了吗，要进门时，先要问谁在里面；要上堂时，一定要高声说话；要进屋时，眼睛应该往下看。这样可以使人在没有防备时，不至于措手不及。现在你到她闲居休息的地方去，进屋前也不说一声，使她这样坐着让你看见了，这是你没有礼貌。"

听了母亲的教导，孟子感到很惭愧。

7. 子思劝卫侯反骄破满

子思名伋，是孔子的孙子，曾子的学生。

一次他到卫国去做客。看到卫侯说话或处理事情不管对不对，他的群臣都异口同声地附和。于是他就对他的学生公丘懿子说："我看卫国可真算是'君不君，臣不臣'了。"

公丘懿子说："您为什么这样说呢?"

子思说："当人君的如果不谦虚，认为自己一贯正确，那么别人就是有再好的意见、再好的办法，他也听不进去。即使事情办得对，也应当听听别人的意见，何况是让别人称赞自己做坏事、助长自己作恶呢! 凡事如果自己不考虑是非，只是乐意让别人称赞自己，这样的人再没有什么人比他更糊涂的了；听别人的话如果不考虑有没有道理，只是随声附和，一味阿谀奉承，这样的人，再也没有比他更无耻的了。当国君的糊涂，当人臣的无耻，这怎么能领导百姓呢？我得找时间和卫侯谈谈。"

一天，子思见到了卫侯，对卫侯说："您国家的风气应当改变，否则的话，您的国家将要每况愈下了。"

卫侯惊讶地说："您说说，是什么原因呢？"

子思说："您察觉到没有，您说出话来，自己认为是对的，您的卿大夫没有敢矫正其中不对的地方的。您的卿大夫说出话来，也都认为自己对，而那些士人和百姓没有敢矫正其中不对的。这样一来，你们当君的当臣的都已经自命是贤明的人了，下边的群众也随声附和。赞扬、顺从的人，就会得到好处；矫正、不顺从的人，就会有祸患。像这样，您想想，好事从哪能生出来呢？"

卫侯听完子思的话，起来说："谢谢先生的教导，我今后一定谦虚谨慎，以礼待人，改变风气。"

8. 孔子谈破满

一天，孔子带着弟子子路去周代祖庙参观，看到一个制造得很巧妙的陶器，就问看庙的人，说："这叫什么陶器呀？"

看庙的人回答说："这大概就是'座右铭器'吧。"

孔子说："我听说过，这个被名为'座右铭器'的陶器，装满水，它就翻倒，空着，它又歪在那里，只有把水装得正好，它才立着，有这种说法吗？"

看庙的人回答说："是的，正像你说的那样。"

为了弄清真相，孔子叫子路取水来试试。子路取水来试了一下，果然是那样：装满水，它就歪倒在地上，空着，不装水，它就躺在那里，立不起来，只有装得适中，不多不少，它才直立起来。实验完了，孔子长叹一声，说："唉！哪有满了不倒的呢！"

子路看明白了这个"座右铭器"，又问孔子说："老师，您说要保持不倒，有办法吗？"

孔子回答说："保持满而不倒的好办法，就是要抑制、减少水，让它不满，它才不倒。"

子路又问："要怎样抑制减少呢？"

孔子回答说："德高望重的人，就要谦虚恭敬有礼貌；拥有大量财产的人，就要勤俭节约，不奢侈；官大俸禄愈多的人，就要愈保持有所畏惧的态度；见多识广的人，就要保持浅薄无知的样子，倾听别人的意见。能这样做，我想就可以抑制减少'满'的倾覆了。"

孔子以物喻人，指出抑制自满的办法，就是要谦虚，以礼待人。

孔子不但这样去教育学生，而且为人师表，亲自去实践。

一次，孔子问子贡说："你与颜回比较起来，谁好？"

子贡回答说："我怎么敢比颜回！颜回听到一点，就懂得十点；而我听到一点，只能懂得两点。"

孔子说："不如颜回啊，我和你都不如颜回啊！"（颜回也和子贡一样，是孔子的学生）

"三人行，必有我师焉"，孔子的这句至理名言，就是孔子谦虚精神的自我写照。

9. 秦昭王诚请范雎赐教

范雎是战国时期魏国人，他辅佐秦昭王，上继孝公、商鞅变法图强之志，下开秦始皇、李斯统一之大业，是一位在政治上、外交上极有建树的谋略家，为秦统一天下奠定了坚实的基础。他不仅是秦国历史上的贤相，也是中国古代不可多得的政治家。

范雎少年时就怀有雄心大志，但是苦于家贫，只好投到魏国大夫须贾门下，希望有朝一日能得以发挥自己的才志。

但是须贾嫉贤妒能，他认为范雎的辩才之能抢了自己的风光，便设计暗害他。在吏卒的帮助下，范雎才抽身逃走。后来靠着魏国人郑安平帮助，藏在民间，化名为张禄。

公元前271年，秦昭王派使臣王稽入魏。这时的秦国，由于变法奠定了富国强兵的坚实基础，又经惠文王等几代人的不懈努力，国势更加强盛。秦国有个传统政策，荐贤者与之同赏，举不肖者与之同罪连坐。因此，秦国的有识之士，时常注意访求人才。

郑安平听说秦国的使臣到来，便冒充贱役，去服侍王稽，想从中代为范雎通融。通过郑安平的引见，再加上和范雎的长谈，王稽发现范雎是个少有的贤士。便把使命交接完毕后，带着范雎，前往秦国。

范雎进入秦国，住在下等客舍，过着粗食淡饭的生活，待命一年多，仍未得到任用。他对秦国大政问题，提出自己的看法，上书秦昭王，秦昭王见书大喜，重谢王稽荐贤之功，传命用专车召见范雎。

范雎进入秦宫，早已成竹在胸，他径直向禁地闯去。秦昭王走来，他故意不趋不避。宦官见这情况，大声斥责他："大王已到，为何还不回避？"

范雎反唇相讥，说道："秦国何时有王，独有太后和穰侯！"这话分明是刺激昭王。昭王听出话中有话，又恰恰点到心中隐痛，赶忙把他引入密室，单独倾谈。

秦昭王毕恭毕敬地问道："先生以何教诲寡人？"范雎一再"唯唯"连声，避而不答。最后，秦昭王深施大礼，苦苦乞求说："先生难道永远不愿意赐教吗？"

范雎见秦王心诚，这才婉言作答："臣非敢如此。未见大王之心，所以大王三问而不敢作答。臣不是怕死不敢进言，臣怕天下人见臣忠而身死，从此缄口不语，裹足不前，不肯向着秦国。"

最后，范雎才点出秦国的政治弊端。

秦昭王听后，推心置腹地说："秦国地处僻远，寡人糊涂。如今能得到先生您这样的贤才，真是三生有幸。从此以后，事无论大小，上至太后，下及大臣，愿先生好好教寡人如何处理，不要有什么疑虑。"

秦昭王从此重用范雎，使得后来的秦国政治、军事、外交活动，确实比以前更加强大和富有生气。

10. 信陵君问计老门吏

战国时期有七个大的诸侯国，齐、楚、燕、韩、赵、魏、秦。特别是秦国，自从商鞅变法后，逐渐强盛起来。于是就想扩大自己的疆土，派大军进攻赵国的都城邯郸，赵国向魏国和楚国求救。楚国出兵八万援赵，魏国派大将晋鄙带兵十万援赵。

秦国得知两国援赵的消息，立即派使者到魏国进行恐吓，说："谁要是援救赵国，等攻下邯郸，我就去打谁！"魏王吓坏了，赶紧给晋鄙下令停止进军。魏国一停止进军，楚国也按兵不动了。邯郸危在旦夕。赵国平原君的夫人是魏国信陵君的姐姐，平原君写信给信陵君说："赵国就要灭亡了，你的姐姐痛哭不已，你能看着不管吗？"信陵君看了信，心中很着急，他请求魏王发兵，魏王始终不答应。

信陵君很气愤地回到家中，对自己的门客说："大王不肯发兵，我只好自己去援赵了，哪位愿跟我一起去？"他手下的门客平时得到他很多恩惠，都慷慨激昂："愿随公子拼命！"信陵君带领门客一千多人出发了。在出都城大梁东门时，信陵君下了车，去向他最尊敬的人，老门吏——侯嬴告别。并说明自己要同秦军决一死战的决心。万万没想到老门吏冷冰冰地说："我老了请公子原谅我。"信陵君出了东门，很纳闷，心想："我平时对他不错，他眼看我去送死连句送别的话都没有，这是咋回事呢？"于是走了好远，他让部队停住，自己又折回东门。

老门吏还在那儿站着，并笑着说："我知道公子一定要回来的。"信陵君谦恭地说："我一定有对不起您的地方，特地回来请教。"老门吏说："公子养门客三千，为什么没一个人替你想个好主意？而让你去送死呢？来，我给你出个主意。"信陵君很高兴，随老门吏进了屋，老门吏支开其他人，对信陵君说："大王最宠的美人如姬，父亲被仇人杀害，是你替她报了仇，如今你让她替你做点事，她肯定会答应！你最好请她把大王的兵符盗出来，这样就不愁晋鄙不听命令了！"

此计甚妙，如姬果然盗出了兵符，交给信陵君。信陵君得到兵符准备日夜兼程去救赵国。老门吏却说："这样去不行！晋鄙是一位有经验的老将，你有了兵符，晋鄙未必能及时发兵，他可能派人回都城问明情况，那时全部计划就落空了。我有一个朋友叫亥，擅使大锤，武艺超群，他可以跟您去，如果晋鄙不听您的命令，就让朱亥……"老门吏做了个杀掉的手势。

信陵君拜见朱亥，说明来意，朱亥满口答应。信陵君辞别老门吏，带领朱亥和一千多名门客来到边境魏军大营。晋鄙验过兵符，却不发兵。

晋鄙说："公子发兵是大事，我还得奏明大王。"信陵君使个眼色，朱亥大喝一声："晋鄙你想谋反吗？"举锤结果晋鄙性命。

信陵君对部将说："晋鄙不听王命，已被处死，现在我命令，进军救赵。"

信陵君指挥军马向秦军大营冲去！秦军措手不及，被杀得大败，退回本国。赵国得救了，信陵君激动地说："这都是老门吏的功劳啊！"

11. 秦穆公五张羊皮换相国

秦穆公是春秋五霸之一，他为了振兴国家，称霸天下，千方百计搜罗人才。相国百里奚，就是他用五张羊皮换来的。

百里奚是虞国人，从小家里很贫穷，到处漂泊流浪，三十多岁才娶了媳妇，妻子认为他有大才，鼓励他出外谋事。

于是，百里奚先来到齐国，想求见齐襄公，因为无人引见，只好靠要饭过日子。他流落到宋国，遇到了一个叫蹇（jiǎn）叔的隐士，两个人成了好朋友。

后来两个人又到了虞国，经蹇叔的一个朋友推荐，百里奚当上了虞国的大夫。虞国国君因为贪小便宜，不听劝告，被晋国灭掉，百里奚也成了俘虏。

晋献公还要重用百里奚，但百里奚不肯在敌国做官。晋献公有个女儿，嫁给了秦穆公，晋献公便把百里奚作为女儿陪嫁的奴仆，送给秦国。在去秦国的途中，百里奚乘人不注意偷偷地逃跑了。他跑到楚国，没想到刚一进入楚国国境，又被楚国边民捉住了。楚国人把他当作奸细，派他去养牛、看马。百里奚真是事事不如意啊！

秦穆公结了婚，发现陪嫁礼单上有百里奚的名字，却没有这个人，就问去晋国迎亲的公子絷，公子絷说："他是虞国人，是个不肯在晋国当官的亡国大夫。"

　　秦穆公觉得这个人很有骨气，便问公子絷从晋国带回来的武士公孙枝，公孙枝说："他是个很有本领的人，可惜怀才不遇，无施展才能之地。"

　　秦穆公听了更加爱惜，于是派人四处寻访，后来打听到百里奚在楚国看马，就准备了贵重的礼品打算送给楚成王，把他换回来。

　　公孙枝听到后连忙赶来阻止秦穆公说："大王千万不能这样做。楚国人让他看马是不知道他的本领，要是这样去请他，就是要告诉楚王，秦国要重用他，楚王必定不放他回来。"

　　秦穆公恍然大悟，于是按照当时奴仆的一般价格，派人带着五张黑羊皮去见楚成王，说："老奴仆百里奚在秦国犯了法，现躲在贵国，请让我们把他赎回去，重重地罚他，为秦公出出气。"

　　楚成王听了也没有怀疑，就收下了羊皮，命人把百里奚逮住，关进囚车，交给了秦国的使者。

　　百里奚一进入秦国国境，见大夫公孙枝正在等候迎接，公孙枝陪同百里奚一起到秦国都。秦穆公看到百里奚已经满头白发，没想到这么老了，有些失望地问："先生多大岁数？"

　　百里奚说："我还不到70岁。"

　　秦穆公惋惜地说："可惜先生太老了。"

　　百里奚说："大王如果派我上山打老虎，我确实是老了。如果同我坐下来商议国家大事，我比姜太公还年轻！"

　　秦穆公觉得他说的话有道理，就邀请他单独深谈。经过几次长谈，秦穆公感到百里奚真是难得的人才，就要请他当相国。

　　百里奚十分感激，很惶愧地问穆公说："我是一个低贱的亡国俘虏啊，怎么担得起你这样的看重？"

　　穆公连忙向他解释说："你的情况我很清楚。你过去虽然是虞国的大夫，但虞君并没有很好地任用你。虞国的灭亡，不是你的过错。"

百里奚又说："我是不足道的，我的朋友蹇叔要比我强得多，大王要想干一番大事业，就把他请来吧！"

秦穆公听说有更能干的贤才，就派公子絷把蹇叔请了来，拜蹇叔为右相，百里奚为左相，蹇叔的两个儿子也有很大才能，拜为大夫。

这时，百里奚的妻子带着儿子孟明视也逃难来到秦国，和百里奚相逢了。秦穆公听说孟明视是一员猛将，也拜为大夫。秦穆公做梦也没想到，五张羊皮竟然使他得到两个相国，三个大夫。

穆公重用这些贤才，使秦国很快强大起来，后来称霸于西方。

12. 蔡邕倒履迎宾

蔡邕（yōng）是东汉时著名的文学家和书法家。公元190年，汉献帝迁都长安，蔡邕也一起到了长安。这年蔡邕已59岁了，是献帝的左中郎将，进出常是前呼后拥，车骑填巷，真可谓才学显赫，贵重朝廷了。

当时，山阳高平（今山东省微山县）有个叫王粲（càn）的人，幼年时特别喜好读书，精通古代文学以及秦汉以后的诗文，并且练就了写作基本功。王粲向人借钱买了一些纸张，在街头设案代笔，很受老百姓的欢迎。很多家人在外做生意未归的，在边关服役未满期限的，或有打听亲朋旧友下落的，或商量两家儿女婚姻期限的，都来请王粲代笔写信。他的信写得十分出色，很擅长模拟发信人的口吻，将事情原委讲得清楚明白，读信人见信如面，亲昵之情跃然纸上。有一位弃妻出走的丈夫，在外地收到妻子的信，不禁失声痛哭，深深被妻子的痴情所感动，终于归来，与妻子破镜重圆。还有一位青年和尚，收到老母家信，信中尽述母亲度日之艰难，晚景之凄凉，顿生愧疚之心，毅然退出佛门，重返尘世以尽孝心。

这一消息不胫而走，人们纷纷传说京城出了个"王铁笔"。

有一天，这事终于传入了高门大户，被蔡邕知道了。他听说一纸书信竟能使和尚还俗，感到诧异，便急忙对仆人说："快去请那位'王铁笔'来，我想看看他到底有没有真本事。"

一天，蔡邕正在花厅里看书，仆人进来禀报说："大人，那个人找到了！"

"快请他进来！"

仆人把王粲领进来，这位50多岁的左中郎笑了："哎呀，没想到你竟是一位少年，我还以为是一位年过花甲的老先生哩！快快请坐！"

王粲地位低下，不敢入座。蔡邕说："我今天以文会友，何必客气呢！"王粲连连称谢。主人一边吩咐给客人看茶，一边谈起了文章之道。在交谈中，蔡邕发现，这位少年对答如流，显露出惊人的文学才华，他非常高兴。当问及王粲的家世，老人家眉头一紧，缓缓地说："我想请你答应两件事，不知可否？"

"大人请说吧。"

"第一件事，请你今后常来，我们可以多多切磋、商讨。第二件嘛，请你给我这个花厅写一首诗。"

王粲思索了一下，挥笔写下了一首诗，连连说："我这是班门弄斧，献丑了。"

蔡邕看也没看，便命仆人取20两银子，作为酬谢。他这是变着法子周济王粲呢！

从这以后，他俩成了忘年交。

有一次，蔡邕设宴请客，门外车马喧闹，室内高朋满座，都是一些有头有脸的人物。不一会儿，仆人凑近蔡邕的耳朵，低声说："门外王粲求见。"蔡邕立刻亲自跑出去迎接，慌忙中，鞋子竟穿倒了。众人见主人如此慌慌张张的样子，以为必是有什么社会名流驾到，大家纷纷起立，不料来的人却是一个布衣少年！

从此，蔡邕礼待布衣，"倒履迎宾"的故事便流传开来。王粲后来成为东汉"建安七子"之一，是个著名的文学家。

13. 刘邦敬老得贤臣

秦朝末年，刘邦和项羽兵分两路进军关中，楚怀王与他们约定，先进入咸阳者为关中王。

刘邦率领大军直捣秦国国都的门户——函谷关。他途经高阳（今河南杞县西边），准备消灭驻扎在那里的秦军。

高阳有一个名叫郦食其（yì jī）的老头，60多岁，酒量惊人。他很有韬略，他看到刘邦是个能成就大业的人，于是就让在刘邦帐下当骑兵的一个乡亲引见，想见刘邦，愿为他效劳。

刘邦答应了。

郦食其来到刘邦居住的驿舍，进到屋里，看见刘邦正坐在床边，让两个女子给他洗脚。

郦食其故意慢慢腾腾地走到刘邦面前，只是作揖并不拜。刘邦看见来人是个60多岁的儒生，心里很厌烦，坐在床边纹丝不动，好像根本没看见有人给他作揖。

郦食其看到刘邦这样傲慢无礼，很生气，高声问道："足下带兵到此，不知是帮助秦国攻打起事的诸侯呢？还是帮助各诸侯讨伐暴秦？"

刘邦听他说话这样随便，明知故问，也不下拜，举止故作斯文，于是大动肝火，大骂道："你真是一个不识时务的书呆子！天下人谁没有尝过暴秦的苦头？天下的豪杰都讨伐秦，我怎么会去助秦？"

郦食其不紧不慢地说："足下如果真心讨伐暴秦，为什么见到年长的人这样无礼？你想一想，行军打仗不能蛮干，要有好的谋略，如果您对待贤人这样傲慢，那么谁还为您献计献策呢？"

刘邦听了这番话，急忙擦脚穿鞋整衣，向郦食其道歉，请他坐在上座，恭恭敬敬地说："先生有何良策，请多多指教。"

郦食其见刘邦改变了态度，虚心求教，便对他说："足下的兵马还不到一万人，就打算长驱攻入秦国的国都，这好比是驱赶着羊群扑向老虎，只能白白送命。依我看不如先去攻打陈留。陈留是个战略要地，城中积存的粮食很多，作为军粮足够用，而且交通四通八达。"

这样，郦食其向刘邦献出了一条妙计。

刘邦非常高兴，请郦食其先行到陈留，然后选派一员大将领一部分精兵赶到。

郦食其来到陈留，见到县令，劝他投降，县令不肯。郦食其在酒宴上把县令灌醉了，然后偷出县衙令箭，假传县令的命令，骗开城门，把刘邦的军队放进去，砍死了县令。

第二天，刘邦的大队人马进入陈留。由于郦食其事先早已为刘邦写好了安民告示，刘邦一进城，就受到百姓的欢迎。

刘邦看到陈留果然贮有大量的粮食，十分佩服郦食其的神机妙算，于是，封他为广野君。

刘邦在陈留招兵买马，军队扩大了将近一倍，最终抢在项羽之前攻入了关中。

14. 孔融争死留美名

东汉桓帝延熹年间，张俭被太守翟超聘为东部督邮。督邮是郡守的辅佐之官，掌管督察纠举所属县的违法之事。张俭为人正派，刚直不阿，是敢于处置不法的官员。

汉灵帝即位后，张俭就上书参奏宦官头子中常侍侯览种种不法之事，揭发他包庇罪犯，贪赃枉法。

张俭的奏章落到了侯览手中，侯览暗中把它扣押下来，又指使手下的爪牙朱并，让他上书诬告张俭，说他和同郡的二十四个人结党谋反。汉灵帝就下令逮捕张俭治罪。

张俭得到消息，就逃出京城，望门投止。也就是见有人家就去投宿，求得暂时的存身之处。

这一天，在差役严密追捕之下，情况十分急迫，张俭就逃到了孔褒家。孔褒是孔子的后代，从小就受到儒家思想的教育，张俭和他认识，认为这里更可靠，就想先到那里暂避一时。

张俭来到孔家门前，手打门环。听到叩门声，从里面走出一个十五六岁的少年来，他就是孔褒的弟弟孔融。

孔融也像哥哥孔褒一样，从小有良好的家庭教育，受过家传的儒家思想的熏陶，懂得虚己待人。他四岁的时候，跟兄弟们一起吃梨，他就专挑小的，把大的让给别人，这就是流传至今的"孔融让梨"的故事。十岁时就已经又聪明又有才学了，能当面驳倒太中大夫。

这回出门一看，见是一个陌生人，就有礼貌地问道：

"先生找谁？"

张俭回答说："这是孔褒的府上吗？我和孔褒是朋友，今天前来拜访他。"

孔融一听是哥哥的友人，就连忙把他让进屋中，对他说：

"家兄今日不在家，出门访友去了。"

张俭一听，立刻显得有些紧张，他看孔融还是个少年，怕他担不起事，就没把自己被追捕的事告诉他。但张俭坐立不安、心神不宁的样子，孔融早就看在眼里，就直截了当地说：

"张先生的事，在下已有耳闻。张先生凛然大义，弹劾侯览。今遭诬陷，逃难在外。家兄不在家，我可以做主收留你，就请张先生屈居寒舍。"

孔融就留张俭住了下来，这个消息不知怎么传了出去，有个势利小人就偷偷地向官府告了密，说是孔家收留了张俭。

官府中有的差人平时就仰慕张俭公正无私，痛恨侯览为所欲为，就把官府要来捉拿张俭的消息，通报给了孔家。

孔氏兄弟得到消息后，就与张俭商量对策，决定连夜逃走。官府没有抓到张俭，就逮捕了孔褒、孔融兄弟二人。

在大堂上，大理寺的廷尉审问道：

"张俭是朝廷缉拿的罪犯，你们竟敢窝藏，现在逃到了哪里，从实招来。"

孔融连忙说道："张俭是我收留的，与我哥哥无关。张俭到我家那天，哥哥出外访友，并不在家，请大人明察。我甘愿承担全部罪责，一人做事一人担，我死而无怨。请放回我的哥哥。"

孔褒没等弟弟把话说完，就打断他的话说：

"张俭是投奔我而来，放走他的也是我。孔融尚在年幼，况且他只在家中读书，并不知道张俭之事。承担罪责的完全应该是我，与弟弟毫无关系。"

兄弟二人在公堂上互不相让，都坚持承担罪责，经过几次审问，口供始终如一，弄得廷尉一时也难于定案，只好申明朝廷。皇帝认为孔褒年长，又与张俭相识，就下令斩孔褒以定罪。

生，是人共有的欲望，为了能让别人活下去，自己宁肯去死。这种精神正是儒家所一贯倡导的，孔氏兄弟争死的壮举，正是这种精神的具体体现。

15. 陶谦让城不传子

东汉末年，军阀纷争，战乱不已。当时的徐州刺史陶谦宽厚容让，廉洁贤明，深得官民的拥戴。陶谦感到自己年事已高，应当选一个有才能的人，早日接替自己，为徐州百姓造福。他有两个儿子，但都不成器，没有能力，又不宽容。他认为让他们接任，会给徐州百姓带来灾难。

有一年，陶谦的部将张闿杀了曹操的父亲曹嵩，曹操就亲率大军攻打陶谦，扬言血洗徐州。刘备和孔融应陶谦的请求，带兵前去救援。刘备英勇善战，舍死忘生，打退曹军，首先进入了徐州城。

陶谦早就听说过刘备礼贤下士，宽宏大度，今日一见，更觉得他胸怀大志，出语不凡，决定把徐州让给他管辖。就命人把徐州刺史的官印取来，双手递给刘备。

刘备愕然，慌忙起身离座，连连摇手，说：

"您这是什么意思？"

陶谦诚挚地说："现在天下大乱，生灵涂炭。你才能卓越，又年富力强，正是为国为民尽忠出力的时候。我已年迈，又缺少能力，情愿将徐州相让。请你接受我的委托，收下印信。我马上写表，申奏朝廷，望你不要推辞。"

刘备听后，坚决地说："我功微德薄，现在担任平原相还担心不称职，怎么敢接受徐州之任。我本为解救徐州而来，现在让我得到徐州，是陷我于不仁不义之地。您莫非怀疑我有吞并徐州之心吗？万万不能从命。"

陶谦再三相让，刘备坚辞不受。谋士们说："现在兵临城下，还是商议退敌之策要紧，等形势稳定下来，再相让不迟。"陶谦只好暂时放下此事。

刘备写信给曹操，劝他讲和。曹操正好接到报告，说是吕布已经袭取了兖州，占领了濮阳，正向自己的大本营进军，就趁势给刘备个人情，撤军而回。

在庆功宴结束以后，陶谦又请刘备坐于上首，当着众人的面，第二次提出让贤，他说："我已风烛残年，两个儿子缺少才能，担任不了国家重任。刘公德高才广，又是汉朝王室的后代，我认为由他担任徐州刺史，最合适不过了。我情愿拱手相让，闲居养病。"

刘备接连摇头，说："我来救徐州，为的是急人之难，现在无缘无故地据而有之，普天下的人就会认为我是乘人之危，说我是无仁无义之人。那我只好告辞了。"

陶谦流着泪说："你若不答应，离我而去，我是死不瞑目啊。"

孔融、刘备的部下、陶谦的部下，都劝刘备接任。张飞快言快语地说："你又不是强要他的州郡，是陶刺史好心相让，何必苦苦推辞。"但刘备执意不受。最后，陶谦只好说：

"刘公一定不肯答应，那就暂时放下这件事。不过，在这附近有座小城叫小沛，请你暂在那里驻军，帮我保卫徐州，不要再回平原了。"刘备勉强答应了这个请求。

不久，陶谦忽然患了病，而且一天比一天沉重。他知道将不久于人世，决定第三次向刘备提出让徐州，就以商议军务的名义，派人从小沛把刘备请进府中。

刘备赶到时，陶谦已经奄奄一息，他紧紧握住刘备的手，说："请刘公来，就是让你接受徐州印信，你还要以国家为重。由你来治理徐州，我死也瞑目了。"

刘备说："您有两个儿子，为什么不传给他们？"

陶谦说："他们缺乏治理政事的才能。我死后还希望你好好教导他们，但万不可传位于他们。"刘备还要推托，但见陶谦手指胸口，慢慢地咽了气。

徐州官民遵照陶谦的遗言，一致拜请刘备接受官印，刘备推辞不了，只好答应暂时管理徐州。

刘备决心匡扶汉室，但不惊人之美；陶谦为了徐州百姓，真心让城，不传给儿子。他们两人可算是遵行谦恭礼让的两面镜子。

16. 张仲景千里寻医

张仲景——东汉末年著名的医学家，著有《伤寒杂病论》一书，在这部著作中，他比较系统地写出了中医的学术理论，而且开列了当时认为最有疗效的代表性药方 113 个；他还首次提出了人工呼吸的抢救方法，这在当时是一个伟大的创举，被称为中国一绝。

有一年的春天，张仲景的弟弟要出远门做生意，为了预防不测，他对哥哥说："你先给我看看，近期内能不能生病，如果有大毛病，我就不去了。"张仲景给弟弟把把脉，看看舌苔，说："现在没什么病，就怕明年，背上要生疮，叫搭背疮。"弟弟接着说："背上生疮，很重吧？那我只好不去了。"哥哥说："不用犯愁，我给你开个药方带上，背上一疼，马上抓药吃，然后它就会移到屁股上去，没有什么大的妨碍，以后，谁能认出它来，你便可让他医治。"

带着哥哥的药方和嘱咐，弟弟到湖北做生意去了。转眼一年过去，果然不出哥哥所料，他觉得背上疼痛难忍，急忙照哥哥开的药方抓了药用水煎一煎服下去了。没过几天，屁股上便拱出了疮包，背上不再疼痛，红肿也消失了。他照哥哥的话又找人医治，没一个人能看出是搭背疮。

有一天，弟弟来到了襄阳城，一抬头看见一家药店，便进去瞧瞧，店堂里有一个老者正眯缝着眼睛坐在那儿，他就是坐堂先生，人送外号"王神仙"。弟弟就请他给看看，看罢，他哈哈大笑说："这本是搭背疮，怎么会跑到屁股上了？怪哉，怪哉！"弟弟说："这是我哥哥移的。""他既然能移位，说明他能治好这病，为何不让他治？""他在家乡河南，所以不可能让他治呀。"听了此话，王神仙说："那你先吃我几副药，再贴几帖膏药吧！"

没过多久，弟弟的病治好了。他非常高兴，便提笔疾书，给哥哥写了一封信，信中尽述治病经过。张仲景接到弟弟的信，十分惊诧。他想，果然天外有天，这王神仙一定有回春妙手，手到病除的本领，我一定要去向他学习高超的医道，哪怕路途遥远，坎坎坷坷。

主意打定，他便向襄阳出发了。一天，张仲景来到了襄阳同济堂门口，他对伙计说是要找药店坐堂先生加老板王神仙。那王神仙听说有人找他，便出来问道："找我何事？"张仲景想了想说："我是从河南来的，生活无依无靠，请先生容我在这儿帮个忙混口饭吃。"王神仙见他面目倒还清秀惹人怜爱，便说："我这里人手也不怎么足，不过尽是些苦活，晒药制药什么的，你能干吗？"张仲景说："能干，能干。"于是王神仙便收留了他。

打那以后，张仲景早起晚睡，十分勤快，脑袋也灵敏，许多草药名称听过一遍全能记住，一般药性病理一听就懂，所以王神仙十分器重他。王神仙见他如此灵性，就让他给自己当助手，看病抄方，配合默契。

　　有一回，一位老大爷牵着毛驴来接王神仙给儿子看病，说是得了急症，王神仙一早就出去了。没有多久，那老头又回来了，带着王神仙的药方抓药。张仲景看看方子，又问问病人情况，马上明白病人是生了虫子。不过，他发现那味能毒死虫子的藤黄开得太少，药量小不但不会毒死虫子反而会折腾病人，还有肠穿孔的危险。

　　怎么办呢？张仲景想了一会儿果断地加大剂量，然后随老头一起到了患者家，对王神仙谈了自己的见解，王神仙连说："对，对！不过，你到底是何处高人，有如此见识？"张仲景便对他说了实话，从此，他的医术越发高超，人也越发出名了。

17.　孙权知错认错

　　三国时吴国的张昭（张子布），是个两朝开济的老臣，他在孙权面前从来是直言不讳的，因此获得孙权的信任，也因此产生了矛盾。

　　有一次，远在辽东的公孙渊派人递降表，孙权一看，高兴极了，马上派张弥、许晏两人去拜公孙渊为燕王。张昭听了，马上阻止说："公孙渊背叛了魏国，怕因此受到征讨，所以才远道来求我们援助，归顺不是他的本意。如果公孙渊改变了主意，打算重新获得魏国的谅解，就会杀人灭口，这两个使臣肯定回不来了。那样的话，不是白白送了他两人的性命而叫天下人耻笑吗？"

　　孙权说出自己这样做的想法，张昭一一加以驳斥。这样反复了几次，张昭一次比一次态度坚决，言词非常激烈。孙权说不过张昭，觉得面子上过不去，就变了脸，拔出宝剑怒气冲冲地说："吴国的士人入宫则拜见我，出宫则拜见您。我对您的倚重也到了无以复加的程度，可是您却多次在大庭广众之下让我难堪，我真担心有一天会因为不能容忍而杀死了您。"

87

听了这些，张昭既没慌张也没退缩，他非常镇定地说："我之所以明知道您并不按我说的做，还满腔热忱地来规范您，是因为常常想到太后在临终时发出的遗诏，叫我精心辅佐您啊！"

　　说完，泣不成声。孙权见状也感到伤心，把宝剑扔在地下，和张昭相对而泣，但是孙权很固执，没有因此采纳张昭的意见。仍旧派张弥和许晏到了辽东。

　　张昭见孙权不听劝告，非常恼火，回府以后，就称病不理国事。孙权对他这样做很生气，干脆派人用土堵住了他的府门，表示永远不再用他为官。张昭看孙权把他家门堵了，非常气愤，他也不示弱，索性在院里用土封住了门，表示永远不出门为孙权办事。

　　张弥、许晏按照孙权的意图，来到辽东，公孙渊果真变了卦，把他们俩给杀了。

　　孙权万万没想到真让张昭言中了，他很惭愧，觉得对不住张昭，派人运走了堵在张昭门口的土，几次向他赔礼道歉，可张昭不理。派人前去，都吃了闭门羹。

　　怎么办呢？孙权灵机一动，派人放火烧张昭府上的大门。他想，大火一着起来，张昭还不往外跑？到那时，自己不就看见他了吗？

　　孙权觉得自己主意不错。可是，张昭看见孙权放火烧门，索性把大门关死，等着大火把他烧死。孙权一看这招不灵，大惊失色，真怕火着起来把张昭烧死。于是，下令扑火。

　　孙权在门口暗暗责备自己，恨自己办错了事，伤了这位股肱之臣的心。张昭的儿子一看再僵持下去也太不像话了，就连劝带拉硬逼着父亲去见孙权。孙权一看张昭终于出了门，就诚恳地请他到宫中一叙。

　　张昭来到宫里，孙权向张昭承认了错误，并表示今后要尊重他的意见，搞好君臣关系。张昭见孙权这样诚心诚意，满肚子的闷气顿时一扫而光，就又竭尽全力地协助孙权治理国家。

18. 刘备三顾茅庐

刘备投靠荆州刘表，屯驻在新野。多年来寄人篱下的动荡生活，使刘备很难实现政治抱负。这时渴望建功立业的刘备，决心寻求有远识的人辅佐自己，以便尽早摆脱势单力孤的困境，扩充自己的实力。

一天，当地的名士司马徽对刘备说："能看清天下大势的，是那些有真才实学的英雄俊杰。我们这里的'卧龙'和'凤雏'就是这样的俊杰。"刘备忙问："他们都是谁?"司马徽说："这二人是诸葛亮和庞统。您得到二人当中的一个，就可以成就一番事业了。"

建安十二年（207 年）初春，刘备决定亲自拜访襄阳隐士诸葛亮。

当时，二十七岁的诸葛亮正在襄阳以西的隆中隐居。这位有政治抱负的青年，常把自己比作管仲和乐毅，立志要干出一番事业来。他虽然躬耕隆中，但却苦读经史，熟知天下兴衰的道理，还潜心钻研兵法，兼备将才。同时，他也时刻注视着现实政治斗争的形势。

为了拜见诸葛亮，刘备带领关羽、张飞到隆中一连去了三次。前两次都没有访到，刘备仍不肯罢休。第三次去的时候，终于如愿以偿，在草庐见到了这位才华出众的年轻人。刘备说："久慕大名，两次拜访，未能相见。今日如愿，实平生之大幸。"

诸葛亮说："蒙将军不弃，三顾茅庐，真让我过意不去。亮年轻不才，恐怕有失厚望。"

刘备诚恳地说："现在汉瓦解，群雄混乱，奸臣专权，主上蒙尘。我不度德量才，想伸张大义于天下，完成统一大业，振兴汉室。

由于智术短浅，屡遭失败，至今一无所成。不过，我的壮志并未因此减退，仍然想干一番事业。望先生多多指教。"

刘备的谦虚态度使诸葛亮很受感动，于是，诸葛亮便将天下形势向刘备做了一番精辟的分析，为刘备筹划了实现统一的战略和策略，勾画了三国鼎立的蓝图，既高瞻远瞩，雄心勃勃，又脚踏实地，切实可行。

刘备认为诸葛亮是他所寻找的最理想的辅弼人才，就恳切地请他出来帮助自己。诸葛亮为他诚挚的态度所打动，决心辅佐刘备创建大业，实现安国济民之志，就毅然随刘备来到新野，共商军机大事。

刘备为求贤才诸葛亮，三次亲顾茅庐，求得大贤，成就大事。三顾茅庐也成为千古佳话。

19. 华佗行医谦虚谨慎

三国时期著名的神医华佗，少年时代曾跟一位姓蔡的大夫学医。他聪明勤奋，深得师傅赏识。有一天，师傅把华佗叫到跟前说："你已学了一年，认识了不少草药，也懂了一些药性，以后就跟师兄去学抓药吧！"

华佗到了药铺，不料师兄们欺他年幼老实，就是不许他摸秤。他每天只能为师兄包药捆绳，干些零碎杂活。但又不好马上向师傅告状，怕影响兄弟间的关系。

华佗是个有心的孩子。每当师兄把药称好，让他包装，他就看看药单，再把药包用手掂一掂，记下它的重量。等闲下来时，再把药包打开，用手掂一掂每一味药的重量。这样，日子久了，他手上的功夫越来越熟练了。

华佗出师以后，自己去各处行医，仍然保持谦虚谨慎的作风。他的母亲就是患了不治之症而死的。因此，他深知医道永无止境，非得时时学习，不断充实自己才行。

有一年，一位乡下农民害了病，请华佗治疗。那位病人皮肤黄了，眼珠也黄了，华佗诊了脉，看了舌苔，对病者的家人说："依我的经验，这病没法子治了，早日准备后事吧！"说完，长叹一声，背起药箱离去了。

过了一年多，华佗又过此村，仍惦记着那户人家，便前往探视。他想询问一下病人死去的情形，对家人是否有所传染。不料，进了门大吃一惊，原来那位病人活得好好的，身体已完全康复。

华佗急忙问他请过哪位名医，又是如何治疗的？病人回答说，未曾有人来医。华佗深感奇怪，又急问他都吃过什么药物？

病人长叹一声说："唉，不瞒先生，当时本地正闹饥荒，家里连饭都吃不上，哪有钱去买药呢？家里的人都到很远的地方挖野菜去了，我一个人走不得长路，就在附近寻找野菜。结果常见的野菜挖光了，我就在一片片坟地当中啃吃刚刚拱土的蒿苗……"

"吃了蒿苗觉得怎样？"

"味道不大好。不过吃得日久，身上的黄褪了，能走路了，我就边走边吃，追赶家人去了。"

华佗听后，让他带自己去看个究竟。华佗就按他的指点，拔了许多青蒿。然后带上青蒿，立刻动身到外地寻找类似的病去了。

他跋山涉水，到处打听，终于找到了害黄病的患者，便亲自熬药端汤，观察疗效。然而过了几天，病状并未减轻。华佗深感诧异，于是第三次故地重游，决心弄个明白。

原来，那位农民啃青蒿是在正月，蒿苗刚刚冒尖。而华佗采蒿已在二月，蒿苗都已长高了。

第二年正月，华佗及时采集了蒿苗，赶往病人住处。幸好人还没死，可以检验药效了。

服了药，那病人果然好转。华佗松了一口气，说："由于我调查不细，险些拿人命开玩笑啊！"

后来，他又经过多次实验与比较，才把自己的发现总结出来，并给新药命名为茵陈。

20. 贾思勰请教牧羊倌

贾思勰（xié），中国南北朝时期北魏著名的农学家。40岁做过山东临淄太守。他从小喜欢参加农业生产活动，晚年辞官归隐，研究农事，颇有成就，著有《齐民要术》一书。

20岁那年，贾思勰对养羊产生了兴趣，于是每天早晨把羊放出去，羊就自己找草吃，草是不必花钱的，他养了二百多只，结果到了冬天，羊死了一大半，而活下来的又瘦又弱，毛也干干巴巴，没一点儿光泽。这可怎么办？去向牧羊人请教吧。

第二天他早早起来，找到了羊倌，羊倌对他说："一到冬天，饲料不足，营养不够，羊自然会饿死。"

第二年，他种了几十亩大豆，把草料准备得足足的。可是到了冬天，羊又死了不少。他决定还是去请教请教有经验的人吧。他走了一百多里路，找到一位年纪更大的牧羊人，这个人已有40年的养羊经历了。

老牧羊人听了贾思勰的来意后说："你的大豆是怎样喂羊的？"他说："我把它撒在羊圈里了，羊可以随便吃。"牧羊人说："那怎么行呢？羊这东西最爱干净，羊圈里又是屎又是尿，豆子撒上去，羊也不会吃，它们宁可饿着。"

回村后，贾思勰按照老牧羊人的意见打制了食槽，吊在较高的位置上，羊要伸长了脖子才能够着。每次只喂一点点大豆，吃完了再放，一天定时喂。他又用桑树围成一个圆形的栅栏，里面堆放饲草，使羊爬不上去，只能围着草栅栏转。如果饿了就从空隙往外抽草吃，能吃多少就抽多少，一点不浪费。草栅栏有一丈多高，下边的草吃完了，上部的草就自动往下降，很省事。

冬天过去春天又来了，一只羊也没死，羊毛又密又软，油光瓦亮，他高兴极了，然后他总结出了经验：养羊，关键是越冬，熬过冬天，春风吹绿大地，小草又长新绿的时候，羊就又有吃的了。

以后，贾思勰多次向羊倌请教，并在实践中摸索了许多有益的经验，不但知道冬天怎样养羊，也了解和摸索出了春夏秋三季养羊的经验。

春天草嫩、但短小，羊不能老停留在一个地方吃，要边走边吃，赶着它走，不然草根啃光了，来年就没得吃了。

夏天天气热，要趁早晨凉爽，早点儿放牧，中午太阳毒，就找个阴凉的地方让羊歇着。吃早不吃响，中午还不能顶着烈日赶羊走路，灰尘与汗水混合，到了秋天羊就会得皮癣。

到了秋天，羊要晚些出来，早晨霜大露大，羊吃了太凉的草会闹肚子。

在实践中贾思勰还有了独到发现。以后他又研究了花椒、大蒜、粘谷子等农作物的生长。晚年，他把一生积累的农事经验编著成《齐民要术》一书，对后来的农业生产指导极大。

21. 李白不敢题诗黄鹤楼

李白是一位伟大的浪漫主义诗人，读了"欲上青天揽明月"、

"天生我材必有用"的诗句，在被诗人的浪漫气质打动的同时，会产生一丝李白挺狂傲的感觉。其实，在创作上李白倒是很谦虚的。

这话还得从黄鹤楼说起。

黄鹤楼耸立在武昌长江边上，登楼远眺，汉阳城历历在目，鹦鹉洲芳草萋萋。多少诗人被眼前景色所动，诗兴大发，挥毫泼墨。

李白原在长安，因高力士等人屡向唐玄宗进谗言，才上表辞官，遨游山水的。

正值暮春时节，李白在朋友的陪同下，到黄鹤楼游玩。李白凭栏眺望了一会江景，就倒背双手，仰脸阅读楼上的题诗。读了一些，不觉怦然心动，提笔凝思，正待书写，忽然看到崔颢的题诗：

昔人已乘黄鹤去，此地空余黄鹤楼。

黄鹤一去不复返，白云千载空悠悠。

晴川历历汉阳树，芳草萋萋鹦鹉洲。

日暮乡关何处是，烟波江上使人愁。

"唉——"李白感叹一声，说："崔颢的诗写得太好了。眼前有景道不得，崔颢题诗在上头。"竟搁笔不写了。

李白不敢题诗的消息一传开，武昌城的文人议论纷纷，说："想不到李白这位笑傲王侯的大诗人，竟然还是一位敢于承认自己不足的谦逊的人啊！"

22．柳公权除满破骄自成一家

柳公权，中国唐代著名的书法家，"柳体"的创立者。他创立的柳体和临写的《玄秘塔》直至今天仍然是人们学习、临摹的权威性字帖。

柳公权自幼聪明好学，特别喜欢写字，到了十四五岁便能写出一手好字，经常受到老师的表扬。日子久了，他心里美滋滋的，不知不觉就骄傲起来，以为天下"唯我独尊"了。

有一天他和几个伙伴们玩耍，玩什么好呢？这个说捉迷藏，那个说摔跤，柳公权说："不行，不行，咱们还是比比谁的字写得好吧！"于是大家只好同意，便在大树下摆了一张方桌，比了起来。

柳公权很快写了一篇，心想，我肯定是第一了，谁能比得过？心里这样想着，脸上也显露出洋洋得意的神情。这时，从东面走过来一位卖豆腐的老汉，这老汉早看出了柳公权的傲气，决定给他泼点儿冷水。他说："让我看看。"他挨着个看了一遍说："你们的字都不怎么样。"

这对柳公权来说，真如晴天打了个响雷，他长这么大还从未有人说过他的字不好呢，他又追问："我的字到底怎么样？""也不好。你的字就像我担子里的豆腐，软塌塌的，没筋没骨的。"老汉说。

柳公权一听老汉的评价，马上不服气地说："我的字不好，那么请你写几个让我瞧瞧！"老汉笑道："我一个卖豆腐的，你跟我比有什么出息。城里有一个用脚写字的人，比你用手写的强几倍呢，如果不服气，你去瞧瞧吧。"

第二天，柳公权带着满腹委屈和狐疑进城了。到了城里一打听就找到了。就在前面不远的一棵大树上，挂着一块白布，上面有三个大字：字画汤。树底下，许多人正围在一起低头瞧着地下。柳公权急忙跑过去一看：确是一位老人已失去双臂，正坐在地上用脚写字呢。只见地上铺着纸，他用左脚压着一边，用右脚的大脚指和二脚指夹住毛笔，运转脚腕，一排遒劲的大字便出现在人们的眼前。众人一阵喝彩："好，好！"

柳公权都看呆了，真是不看不知道，山外有山，天外有天啊！自己有完整的手臂，还赶不上人家用脚写的，更有甚者，还骄傲自满，自以为天下第一了，惭愧，惭愧。

想到这里，柳公权来到无臂老人面前，双膝跪倒，说道："先生，请受徒儿一拜，请您教我写字吧。"

无臂老人推辞道："我一个残废人，能教你什么，只是混口饭吃罢了。"柳公权说："请您不要推辞了，您不收下我，我就不起来！"这老者见他情词恳切，心里一动，说道："你要实在想学，那么你就照着这首诗练下去吧。"说罢，老人又用脚铺开一张纸，挥毫写下一首诗：

写尽八缸水，墨染涝池黑，

博取众家长，始得龙凤飞。

这首诗，是无臂老人一生练字的真实写照。那意思是说练字的辛苦，练字的工夫，用尽了八缸水，染黑了涝池水，博取众家之长，虚心学习，才有今天这苍劲有力的龙飞凤舞。

柳公权是个聪明人，早已领略了这诗中的寓意，他不但懂得了写字必须勤写勤练，虚心学习，更懂得了做人亦不能恃才傲物，否则将一事无成。

他怀着不可名状的感激之情，接过了老人的诗，急切又羞愧地回到了家。打这以后，他从不在人前炫耀自己，每日里挥毫泼墨，练笔不止，悉心研究揣摩名人字帖，最后终于练成流传千古的柳公权"柳体"。

23. 钟隐卖身为奴学艺

钟隐是五代南唐画家，他出生在一个富裕家庭，家里请了好几个老师教他画画，他本人又刻苦，因此在年轻时便出了名。

一次，他听说有个叫郭乾晖的人擅长画鸟，特别是画鸷鹞更出色。他便登门求教，谁知郭乾晖很古怪：不但作品不肯随便拿出来，而且作画也躲着人，唯恐别人把他的技法学了去。

后来，听说郭家要买个家奴。钟隐高兴极了，隐瞒了身份，改名换姓，当了郭乾晖的奴仆。天天端茶倒水，锄菜浇园，心想："我总有机会窥看郭乾晖作画了。"可是，郭乾晖作画，连奴仆也不让呆在旁边，总是关门闭户，独自画画。

然而，钟隐是个有名的人，突然失踪，别人哪有不打听的呢？不久，郭乾晖也知道了，他把钟隐找来，感动地说："相公为了学画，不惜屈身为奴，老夫实在愧不敢当。你的意思，我也知道。不过世上像你这样谦逊好学的人，实在不多。冲这一点。你将来也会前途无量。老夫不才，就破例收你当个门生吧。"

于是，郭乾晖把自己的技艺全部传授给钟隐，钟隐谦逊勤学苦练，终于成为著名画家。

24. 欧阳修自谦的故事

欧阳修（1007—1072），字永叔，号醉翁、六一居士，今江西吉安人，仁宗八年（1030）进士，官至参知政事。他是宋朝的大文学家，是北宋古文运动的领袖，又是大史学家，独撰《新五代史》，并与翰林学士宋祁合修《新唐书》，还有《欧阳文忠公集》、《六一词》等。欧阳修虽是著名学者，但从不高傲，处处谦虚谨慎。下面三则，就是欧阳修自谦的故事。

甘拜下风

一年，宋代的钱惟演镇守洛阳，建了一座驿舍。驿舍落成之后，有一天，钱惟演邀请好友欧阳修，谢希深、尹师鲁三人为驿舍撰写一篇记文。这三个文人中，当时还顶属欧阳修的才华出众，名气大。

但欧阳修感到谢希深、尹师鲁写文章一定有值得自己借鉴的长处，孔子说过："三人行，必有吾师"嘛。于是，欧阳修决心抓住这个有利机会去取别人之长来补己之短。

三个文人苦思冥索，终于各成一篇记文。欧阳修主动拿自己的文章与两位好友的文章交流、比较着。谢希深的记文写了七百字；欧阳修用五百字写成；尹师鲁写的更短，全文才三百八十多字，叙事清晰，结构谨严，遣词造句恰到好处。

"写得好，写得好！"欧阳修拜读尹师鲁的文章，赞不绝口，他心悦诚服，甘拜下风。

晚饭后，欧阳修提着酒壶，诚恳地向尹师鲁讨教。尹师鲁被欧阳修那种虚心好学的精神深深感动，也就打消了种种顾虑，与欧阳修探讨起写文章的技巧来。他说："作文最忌格弱字冗，你的文章不错，可就是文字欠简练。"

两位挚友一边饮酒、一边谈论，话一投机，滔滔不绝，直到一轮红日东升，方尽兴而归。欧阳修便按好友讲述的，重新撰文。这一篇文章更完善、精粹，较尹师鲁还少了二十个字，真是更上一层楼。

尹师鲁赞扬他说："欧阳修进步真快，真是一日千里啊！"

不署全名

宋朝皇帝宋仁宗命翰林学士宋祁，修撰《新唐书》。宋祁用了十几年时间，刻意求精，把该书的主要部分《列传》编写完了。这时，为了加快速度，皇帝又命欧阳修参加修撰，负责《纪》、《志》的编写工作。

书成之后，宋仁宗感到全书体例及行文风格不一，要欧阳修从头润色。欧阳修把《列传》部分认真读过之后，感到写得很好，有独到之处，自己对唐代一些人物的看法与宋祁不同，但不能妄加修改，强加于人。于是，他奏明仁宗皇帝，决定一字不易。按照北宋惯例，史书修成后，不论多少人参加编写，只署官位最高的名字。欧阳修当时是宋朝的参知政事，比宋祁的官位大得多，当然该在全部书上署他的名字了。但欧阳修觉得自己只参加了一部分工作，书的大部分是由宋祁写的，便只在《纪》《传》两部分署了自己的名字。他打破了惯例，不署全名，表现了谦让的美德，深受人们的称赞。

向实践学习

有一年，欧阳修得到一幅古画，画的是一丛牡丹花，花下卧着一只小猫。他觉得这画很好看，就挂在了客厅里。这时候他已经名气很大，而且孩子也长大了，与当朝丞相吴正肃攀了亲家。

一天，吴丞相来家做客，欧阳修便在客厅里作陪。吴正肃看到这幅古画，连连夸赞画得好。欧阳修自以为应该谦虚一下，便说："还过得去吧，也不见得十分精彩。"

"怎么不精彩？"吴认真起来。

"你看，这花的颜色并不水灵，如果画些露珠儿上去，岂不更好？"欧阳修信口搭言。

吴立刻站起身，指着画说："老弟，你错了！这里画的是正午牡丹，怎么可以有露珠呢？你瞧，花瓣是张开的，花的颜色有些发干，正是阳光强烈照射的结果。还有，你注意到这只小猫了吗？"

"猫又有什么说道？"

"如果是早晨的牡丹，应是花苞未开，伴有露水，而且猫眼的瞳孔是圆的。而现在，猫眼的瞳孔眯成一条线，完全是正午的特征。"

欧阳修连连称是，暗想：我虽然得了此画，却不晓得其中奥妙，真是白痴。他叹了一口气，对吴正肃说："看来我们这些舞文弄墨的人，真得好好向实践学习。否则，尽管文章写得多，也不会有生命力的!"

欧阳修到了晚年，已经名噪天下，但他仍把以前所写的文章反复斟酌，逐字逐句地修改。他的妻子劝他说："何必自讨苦吃呢！你这么大年纪了，难道还怕先生责怪吗？"他笑着回答："如今不是怕先生责怪，而是怕后生笑话。"

25. 辛弃疾斟酒谢岳珂

宋宁宗嘉泰四年（1204）三月，辛弃疾已是60多岁的老人了，当时被任命为镇江知府。他在抓紧练兵之余，仍挥毫写作，不少脍炙人口的佳作都出于此时。

在一次宴会上，歌女们演唱词人的新作《永遇乐·千古江山》，客人齐声叫好，辛弃疾也很高兴。忽然，辛弃疾说："各位不要只叫好，给我的词提提意见吧！"

"不敢，不敢……"，大家推辞着。

"诗不厌改嘛。人往往自己看不到自己的眼睛，也不容易看到自己作品的缺点，不知毛病怎么改呢？各位不要顾虑，给我的词提提意见吧！"说完他便挨个征求意见。大家还是说："提不出，提不出。"

座上有位年轻人，是抗金名将岳飞的孙子岳珂。辛弃疾征求到岳珂时，岳珂也有些犹豫，因为在座的大多是长辈，地位也比自己高，哪有自己先说话的道理。但看到辛弃疾诚恳的样子，便直率地说："辛帅的词雄视千古，自成一家，晚生怎敢妄议。不过辛帅非要我提的话，我认为《永遇乐·千古江山》一词里，一连用了吴帝孙权、宋武帝刘裕、宋文帝刘义隆、赵国大将廉颇等四个典故，不熟悉史实的人，怎能看懂呢？"

"岳公子是爽快人，这话正好抓住了我的毛病。"辛弃疾满脸笑容地说："我就是爱用典故啊！"说完便站起来斟了一杯酒，双手递到岳珂手中，表示谢意。

大家被辛弃疾的谦虚精神所感动，都尽情地饮酒祝兴。

26. 杨时程门立雪

宋朝的时候，在现在的福建一带，有一个很有学问的人，叫杨时。

杨时从小就很聪明，读起书来又很用功。他常对人家说："学习对于我像吃饭一样，是我内心的需要，所以在任何时候我都不放松学习。"杨时还认为学习不仅需要有决心，而且必须有崇高的目标。他说："学习和射箭一样，必须先有目标，然后才可放射，善于学习的人，也一定先有自己的目标，然后才能订出学习计划，循序渐进。糊里糊涂是学不好的。"

杨时自己就是按照这一办法进行学习的。他年纪不大就能写一手好文章，后来又专心钻研经史，宋神宗熙宁九年中进士。

当时河南程颢和弟弟程颐讲学很有名，四面八方的人都来向他们求教。杨时也弃官不做，到程颢处登门求教。他虚心好学，进步很快，当他南行回家时，程颢感慨地说："我的思想从此往南去了。"

后来程颢死了，杨时很悲痛。为了进一步深造，杨时又拜程颢的弟弟程颐做老师，这时，他已是 40 岁的人了。

一天中午，他在学习上碰到了疑难问题，便和同学游酢（zuò）一起去请教老师。当他们到达老师家里，正赶上程颐午睡。为了不影响老师休息，就不声不响地站在大门外等候。刚巧，那天下着鹅毛大雪，程颐醒来后发现窗外大雪纷飞，便兴致勃勃地信步走出房门。发现门外有声响，就推开大门，一看，是杨时和游酢站在那里，便赶忙把他们请到屋里。这时，门外的积雪已经一尺来厚了。杨时和游酢站过的地方，留下两对深深的脚印。

27. 东坡乱改菊花诗

一次，苏东坡拜访宰相王安石，未见到宰相，偶然发现其书桌砚台底下压着一首未写完的诗："西风昨晚过园林，吹落黄花满地金。"苏东坡想：只有秋天才刮金风，金风起处，群芳尽落，但菊花能做霜雪，怎么花瓣四处飘落呢？王安石真是"江郎才尽"，终铸成大错呀！于是他挥笔续诗："秋花不比春花落，说与诗人仔细吟。"便拂袖而去。

后来苏东坡贬官至湖北黄州府当团练副使。苏东坡到任后，一日他和好友陈季常到后花园赏菊饮酒。正刮了几天大风之后，园中十几株菊花枝上一朵花也没有了，只见满地铺金，落英缤纷。东坡一时瞠目结舌。陈季常问："你见菊花落瓣，怎么这样惊诧呢？"东坡讲了在王安石府上改菊花诗一事。此时，东坡感慨万分："我曾给王宰相改诗，以为他孤陋寡闻，谁知孤陋寡闻的竟是我自己。这事给我的教训太深了。今后凡事要谦虚谨慎，千万不可以自恃聪明，随便讥笑别人。"

后来，东坡向王宰相"负荆请罪"，承认了错误。从此以后，东坡特别谦虚谨慎。

28. 范仲淹跪拜"一字师"

范仲淹（989—1052），字希文，苏州吴县人。他是北宋著名的政治家、军事家和文学家。做过枢密副使，参知政事，既是个文臣，又是个武将。他在幼年时代就立下大志，为了实现自己的远大抱负，他虚心学习，不耻下问，昼夜诵读诗书。到了成年仍然保持谦虚的襟怀。

有一年，范仲淹在浙江桐庐做官时，因为十分敬仰崇拜严子陵，他特地为严子陵建造了一座祠堂。严子陵是东汉初年人，跟刘秀是同学。刘秀做了皇帝以后，就召严子陵到京城去做谏议大夫，他不肯，隐居在富春山。相传严子陵经常在富春江边上钓鱼，因此祠堂就造在钓鱼台旁。

范仲淹为严子陵写了一篇记，其中有一首赞颂严子陵的诗，诗中写道："云山苍苍，江水泱泱（yāng，水深广的样子），先生之德，山高水长。"诗写成以后，范仲淹就把这首诗拿给至交好友李泰伯看，并让他提出批评意见。李泰伯读后，再三叹服，然而觉得意犹未尽，他站起来说："先生的诗是一首好诗，先生的文章一旦传出去，必定名闻于天下，我想冒昧地改动一个字，使它白璧无瑕。不知先生意下如何？"当时，范仲淹已是大名鼎鼎的政治家、军事家和文学家，给这样一个人提意见，李泰伯实在有点儿诚惶诚恐。

范仲淹听后，肃然起敬，马上站了起来，拱手说道："是哪一个字，快请说出来。"李泰伯说："'云山''江水'等词句，从内容上说，十分宏伟开阔，博大奔放；从用词上说，极有气派，又与严子陵的居住环境吻合，白璧无瑕、韵味无穷，然而下面用一个'德'字接着它，似乎显得局促狭隘且浅白了，换个'风'字怎么样？"

范仲淹此时似乎凝住了呼吸，聚精会神地听着，听罢频频点头，连声称"妙"，说罢他又低低吟诵一遍："云山苍苍，江水泱泱，先生之风，山高水长。"果然味道与"德"字大不相同，改用"风"字既包含了"德"的含义，又有"风传千里"，"风流千古"的意味，因此更能反映严子陵的高风亮节，反映出他对严子陵的崇高敬意。想到这里，范仲淹对李泰伯佩服不已，嘴里说着："太好了，太好了，真是高见。"说着就要跪下来拜谢李泰伯，李泰伯一见，慌忙扶起范仲淹，并说"不必，不必"。

范仲淹虚心听取别人对他的诗文的修改意见，写文章常常字斟句酌，因此才有"先天下之忧而忧，后天下之乐而乐"那样千古传诵的名句。

29. 朱熹教子寻访名师

朱熹是南宋时期著名的博学多才的大学者，他非常重视对子女的教育。有一天，他把儿子朱在叫到面前，既严肃又亲切地对他说："你现在已经不小了，不能总在家里，应该到外地去访求名师，这样学问才有长进。"

朱在听了以后，觉得很奇怪，他不解地问："我常常看到许多人不远千里前来向您求教，拜您为师，我也常听人说，您是当今最有学问的人，我在家向您学就可以了，为什么您还让我离开家另求老师呢？"

朱熹说："我小的时候，父亲就很重视教育，他在我刚会说话时，就教我认识天地万物，还教我学习儒家经典。后来，父亲因为反对秦桧的投降卖国政策，被赶出朝廷，一病不起。临终前对我说：你一定努力上进啊！"

"我听了父亲的话，后来徒步数百里求访名师，长了不少学问。"

朱熹的回忆使儿子朱在受到很大启发。朱熹又说："一个人老在家中，容易被生活琐事缠住，被亲人娇惯，这样在学问上就难以有大的长进。自古以来，都是名师出高徒，光靠父母教诲是不行的。

父母学问再大，只凭父教子学，也难以培养出英才。因为父母很难做到对子女严格要求并且持之以恒。所以，你还是远离父母，千里求师才对啊！一个年轻人，应该到外面吃点苦，闯荡闯荡才容易长进。"

朱在听了父亲的话，渐渐明白了父亲的用意，觉得父亲讲得很有道理。过了几天，他就离开父母，到外地求学去了。

儿子临走之前，朱熹又想到：孩子独自一个人出远门，在外要遇到各种各样的人，对他来说，结交什么样的朋友，对他的成长影响很大，想到这里，朱熹睡不着觉，他连夜提笔写了一段话，专门告诫儿子要慎重交友，他嘱咐儿子说：与他人交往时，特别应该慎重选择朋友，虽然都是同学，但是也不可没有亲近和疏远之分。亲近谁、疏远谁应该先向先生请教，听从先生的指导。大的原则应该是：为人敦厚忠诚讲信用，又能改正自己错误的人，就是有益于自己的好朋友；那些谄媚奉承、轻薄放荡，粗野傲慢，教唆他人做坏事的人，就是对自己有害的坏朋友。

根据这个标准来考察周围的人，自己也应该能分辨出个大概，再加上向老师请教来进行判断，那就不会出什么差错了。怕的就是你自己胸无大志，低级平庸，不能严格要求自己，那样的话，虽然你不想疏远对自己有益处的朋友，但是也越来越疏远了；虽然不想接近那些有损于自己的坏朋友，事实上却日益亲近了。这种情况必须痛加改正。

朱熹叮嘱说：万万不可随着时光流逝而放松警惕，堕落进"小人"行列。如果那样，就是再有贤良的老师，也没法拯救你了。

朱在见父亲这样关怀自己，非常感动，他把父亲的教诲记在心里，外出求学，进步很快，后来做官至吏部侍郎。

30. 不忽木屈己让相

元世祖忽必烈小时候有一个好朋友叫不忽木。不忽木自幼喜欢读书，而且记性很好，知识丰富。忽必烈的父亲就把他找来，让他做伴读，陪着忽必烈一起读书。不忽木利用这个好机会，读了许多书籍，懂得治国安民之道。

忽必烈登上皇位之后，想让不忽木做丞相，帮助自己巩固天下，不仅因为不忽木是小时候的朋友，而且他们都长大之后，不忽木经常在忽必烈身边，出谋划策，南征北战。他就对不忽木说：

"不忽木，我打算任命你为丞相，怎么样？"

"陛下，臣不敢领命。臣深知自己的韬略不足以辅佐陛下，还是任用比我更强的人为好。"

"知臣莫如君，何况我们从小在一起，我对你十分了解，你的文韬武略，完全能担当得起丞相的重任，不必推辞。"

"陛下，最了解我的能力的，还是我自己。我不是谦让，实在是怕耽误了陛下的大事。让我任丞相一职，绝不敢从命。"

不忽木再三推辞，忽必烈也不好勉强，就另选了丞相，而任命不忽木为尚书。后来每当丞相出缺的时候，或对现任丞相感到不如意的时候，都要请不忽木出任丞相，但是一次次都被他坚决推辞掉了。

至元二十八年春天，忽必烈平定诸王叛乱，班师回朝。侍御史彻里在陪同忽必烈打猎的时候，利用猎间休息，向他揭发了现任丞相桑格的罪行。他说：

"陛下近几年长年率师出征在外，一切内政都由桑格处理。他横征暴敛，中饱私囊，卖官鬻爵，安插亲信。群臣敢怒而不敢言，这

106

种人不杀不足以平民愤。"

忽必烈不仅不信，还认为彻里有意诋毁丞相，命卫士把他打得昏死在地。待彻里苏醒过来时，仍坚持说："陛下，臣下只是为了陛下的江山，才冒死进谏。我与桑哥无冤无仇，为什么要诬陷他？请陛下明察，臣若有一句虚言，死而无怨。还请陛下问一问不忽木，他在朝中深孚众望。"

不忽木应召来到宫中，忽必烈向他问道：

"你说彻里这人怎样？"

"他为人耿直，敢犯颜进谏。"

"你说桑哥怎样？"

"桑哥专会在陛下面前阿谀奉承。陛下远征时，他把持朝政，飞扬跋扈。"接着，历数了桑哥的种种罪行，比彻里所参奏的还要多。最后他又补充说：

"对一般人，能原谅就要原谅，但对十恶不赦的人，绝不能宽容！"

忽必烈于是下令查办桑哥，群臣纷纷上疏弹劾，接着又查抄他的家产。结果，从桑哥家中抄出的珍宝，几乎和国库一样多。

桑哥在事实和赃物面前，无法抵赖，被斩首示众了。

桑哥一死，相位空缺。忽必烈就首先想到了不忽木，打算让他担任丞相一职，就派人召他进宫商量，说：

"从前我误用了桑哥，险些坏了国家的大事，现在只有任用贤能之士，来弥补我的过失，重整朝纲。"

"陛下所想极是！"

"我看你来担任丞相，最为合适。"

"我现在担任尚书，已感到力不从心。"

"你太谦虚了。在朝中你威望最高，丞相一职，非你莫属。"

107

"陛下，还是从比我能力更强的人中挑选吧。"

忽必烈沉吟了半晌，问道："依你看谁最合适？"

不忽木答道："太子詹事完泽最合适。他曾在阿合马家住过，抄没阿合马家时，抄出一本送礼人名录，那上面唯独没有完泽的名字。可见他的品格。"忽必烈非常赞赏不忽木的高尚情操，就任命完泽为尚书右丞相，不忽木为平章政事。

丞相是一人之下，万人之上的职务，但以谦虚礼让为本的人，却可以放弃它，这正是不忽木超过常人之处。

31. 成吉思汗重用异族贤臣

耶律楚材，字晋卿，生于燕京（今北京），契丹族，为辽东丹王突欲的八世孙。

耶律楚材生于世宦门第。他自幼勤学，博览群书，兼通天文、地理、律历、术数和佛、道、医卜之说，还擅长著述，下笔为文，一挥而就。

成吉思汗即定燕地，遣人访求原辽国宗室人物，于十三年得耶律楚材。他见耶律楚材相貌奇伟，美髯宏声，又颇有才识，十分仰慕，诱劝说："辽、金为世仇，你是辽国皇族后裔，为金所灭，我要为你雪洗国仇家恨。"

耶律楚材回答得十分得体："臣之祖、父皆曾委身事金，既为其臣，岂敢与君为仇。"

成吉思汗从话中知道他甚重君臣之分，是个恪守信义的人，因此留他在身边供职。成吉思汗喜得王佐之才，每每昵称他为"长髯人"，而不直呼其名。

耶律楚材决心报答亲顾之恩，借酬平生壮志。

成吉思汗晚年常对其子窝阔台说："此人是天赐我家，尔后的军国庶政，当悉委他处置。"

在成吉思汗一世，耶律楚材是形影相随的股肱大臣，曾被视为"天赐我家"，尊宠至极。

窝阔台汗一世，耶律楚材有顾命之义，拥立之功，为其屹立于王廷埋下根基。但更重要的是他呕心沥血地为蒙古国运筹策，定制度，使这个新生的庞大的政权得以生存，他披肝沥胆的忠正气质，又不能不使蒙古君主肃然起敬。正是基于此，窝阔台汗把耶律楚材当成自己的偏得，国家的骄傲。

早在他即位的第三年，就当面盛赞耶律楚材说："南国之臣，复有如卿者乎?"

窝阔台汗八年，即灭金后的第二年，蒙古诸亲王集会，大汗亲自给楚材捧觞赐酒，由衷地说道："我们这样诚挚地任用你，是因为有先帝之命。没有你，中原就没有今日。我之所以能安枕无忧，是全靠你的力量啊!"

当时，正值西域诸国和南宋、高丽的使者前来，语多虚妄不实。窝阔台汗颇为得意地指着耶律楚材对来使说："你国有这样的人才吗?"

来使皆回答："没有。此人大概是神人。"

窝阔台汗高兴地说："你们唯有此言不妄。我也猜想必无此种人才。"

正由于有这样的知遇之情，更由于耶律楚材的气质和胆略，使他能够在国家政治生活中发挥着极其重要的作用。

在灭金战争中，耶律楚材有两个特殊的功绩，即保全生命又收容人才。

蒙古太宗五年（*1233*）正月，金哀宗完颜守绪从汴梁出奔归德

109

（今河南商丘南），命元帅崔立继续死守被围困的京城。不久，崔立向蒙古投降。

按蒙古的军事传统：凡是敌人进行抵抗的，克敌以后就以屠杀相报。

现在，汴京即将落到蒙古军队手中，统率围城蒙古军将军速不台，派人报告窝阔台汗，准备占领后"屠城"。

耶律楚材听到消息，急忙面奏大汗："将士英勇作战了几十年，争的就是土地和人民。如今要是得了土地而失了人民，有什么用呢？"

窝阔台汗听后，脸沉下来，露出犹豫不决的神情。耶律楚材接着说："大凡金朝方面的能工巧匠，以及官民富贵之家，都聚集在这座城里了。把他们都杀了，那我们就一无所得，徒劳地打了这一仗！"

窝阔台汗觉得有理，下诏除金朝皇族外，其余人不杀。当时在汴京避兵灾的一百四十七万户得以免遭屠戮的惨祸。

这一年五月，金国灭亡的命运已经不可避免。金朝大文豪元好问给耶律楚材写了一封著名的信，劝他保护归降蒙古的南方士大夫，他特别开列出54个士大夫的名单，指出这些儒士"皆天民之秀，有用于世者。"

楚材感到元好问的心思与自己相通，他也早已认识到保护这些人才的重要意义。

耶律楚材向窝阔台进言说："制器者必用良工，守成者必用儒臣。"

他极力强调任用儒臣的重要性。

数年后，耶律楚材请窝阔台派人到各地举行考试，选取儒士。这就是有名的戊戌年（1238）科举取士，有不少杰出人才入选。

32. 朱元璋求访朱升得三策

朱元璋当了红巾军主帅之后，一直攻无不克。这次他又率领义军打下了徽州。他手下的大将邓愈便向他推荐说："大帅您不是一向想求访贤士吗？我听说，在徽州一带有一个非常有名的人，叫朱升，他住在休宁这个地方。此人饱览经书，非常有才气。大帅何不访求他一次呢？"

朱元璋听后非常高兴，立刻就带着邓愈等人前去探访朱升。通过邓愈的带路，一行人很快就来到了朱升的住处。

朱元璋下马亲自去轻叩柴门，不久，一位老人走了出来。朱元璋马上抱拳恭敬地问道："请问，先生莫不是休宁名士朱升？"

老人打量了朱元璋一番，见他气度不凡，戎装佩剑，身边还有兵士，料定他可能是红巾军的将领，便回答道："老朽正是朱升，不知将军尊姓大名？"

邓愈在一旁说："这是攻克徽州的红巾军主帅朱元璋。"

朱元璋马上接道："我本来是个平民，可是当权者残暴无比，欺压百姓，这才举起义旗的。听说先生是有名的学士，今日特来拜访，并叩问大计。"

朱升听说站在前面的竟然是赫赫大名的朱元璋，不禁大为感动，连忙把朱元璋一行引进屋内。

通过从衣食住行，风土人情和国家大事的谈话中，朱元璋发现朱升谈吐不凡，对问题的分析入木三分，而朱升也觉得朱元璋平易近人，胸有大志，颇有将帅气度，不由觉得相见恨晚。

朱元璋问道："以朱老先生之见，当今天下之势，我该如何行事才好？"

通过谈话，朱升已经揣度出来，朱元璋有平定天下的雄心壮志，便沉思片刻答道："以老朽之见，大帅想成大业，要遵循三句话，就是：'高筑墙、广积粮、缓称王。'记此三条，元帅可成大业。"

朱元璋听了，连声赞谢说："先生立言警策，重如泰山！操练兵马，积蓄实力，奖励农耕，积有食粮，讳露锋芒，勿早树敌！先生见识宏远！"

朱元璋回去之后，按照朱升的三策去做，势力不断扩大，终于推翻了元朝，做了明朝的开国皇帝。

朱元璋不忘朱升的功劳，请他去朝中做臣。因为朱升年老，朱元璋还免去了朱升每天上朝的跪拜礼节，对他关怀备至。

33. 徐达成功凯旋不取财宝

徐达，字天德，濠州（今安徽凤阳）钟离永丰乡人，是明太祖朱元璋的同乡，他20多岁时便投奔了朱元璋的队伍。

徐达担任将领以后，统帅百万大军，南征北战，对削平群雄、推翻元朝、统一全国做出了重大贡献，从而深受明太祖朱元璋的器重和信任，被誉为"开国功臣第一"。

徐达虽然战功累累，却从不居功自傲。明王朝建立后，为了防御元朝残余势力的骚扰，他仍旧每年春天挂帅出征，保卫国土。冬天班师回朝后，便交还将印，回到家里过着十分俭朴的生活。朱元璋见此情景，感到很过意不去，想把自己过去当吴王时住的房子赐给徐达，便对他说："徐达兄打了几十年仗，建立了盖世奇功，却从来没有好好地休息过。我把过去住过的房子赏赐给你，让你好好地享几年清福吧！"但徐达坚决推辞，拒不接受。朱元璋无奈，便请徐达到这所房子里饮酒，并借机把他灌醉，差众人将徐达抬到床上去睡觉，给他蒙上被子，想用这个办法来强迫徐达接受这所房子。徐达酒醒之后，大吃一惊，连忙跳下床，走下台阶，俯身伏地，磕头呼喊："我犯了死罪，我犯了死罪！"朱元璋见他这样谦恭，也就不再勉强他了。于是下令在这所房子的前面，另外给徐达建造了一所住宅，并在住宅的前面立了一座高高的牌坊，上面刻着"大功坊"三个字。

徐达这种谦功的美德，深受朱元璋的赞赏。朱元璋对左右大臣称赞说："受命出征，成功凯旋，不骄不傲，不爱女色，不取财宝，公正无私，像日月一样光明正大的，只有大将军徐达一人！"洪武十八年（1385）二月，徐达在南京病逝。朱元璋追封他为中山王，把他葬在南京钟山之北，并把他的塑像摆放在功臣庙里，以表彰他为明朝所建立的卓越功勋。

34. 唐伯虎虚心求教绘丹青

做学问，学技艺，除了要有坚韧不拔的毅力，还要有谦虚谨慎的精神，才能学有所成，有一番作为。唐伯虎就是这样一个人。

唐伯虎名叫唐寅（yín），明朝著名画家。他少时聪明伶俐，小的时候就很喜欢画画，日积月累，他的画富有意境，如无声之诗，风格奔放飘逸，豪宕不羁，率意点染，妙趣横生，不愧天地间佳品。可是，渐渐地滋生了自满情绪。有时端详端详自己的画，心里说："蛮不错嘛，差不多了。"

唐伯虎的妈妈看出了他的想法，问他说："你怎么不画了？"他说："我已经画得挺好了。"妈妈又问："你看咱们这儿哪座山最高？"他不假思索地说："南山最高！"妈妈说："你登上南山去向远望望，比它高的山还很多呢！"

113

　　唐伯虎听了妈妈的话，明白了她的用意，便带上行李和画笔，到外村拜师去了。

　　唐伯虎拜周臣为师。周臣在当时极有名望，是书画界的高手，能画山水画，也是花鸟画的丹青妙手。唐伯虎到了周先生门下，看了他的画真是耳目一新，长了不少的见识。唐伯虎想：我原以为是绘画第一了，却不过是井底之蛙，以为天空就是那么一小块。

　　周臣很喜欢唐伯虎，认认真真地传授技艺，哪里要浓墨重彩，哪里要轻描淡写他都一一指教。时间过得真快，一晃一年过去了。

　　有一天，唐伯虎偷偷地把自己的画和先生的画比较一番，觉得自己和老师差不多了。再说，自己离家一年多了，很想回去看看妈妈。唐伯虎的一举一动，老师看在眼里，记在心上，他和妻子研究一番，决定在后花园的一个小屋里为唐伯虎饯行，这间小屋平时总锁着，唐伯虎从未进去过。这一次他被请进来，一边吃着饭菜，一边细细打量着室内陈设。他突然发现，这屋子好奇怪，四面墙上都有门，但没有窗子。顺着门往外望去，只见后花园里好一派春景，处处可见柳绿花红，鸟巢蝶影，顽石跌宕，溪水穿行。看到如此美妙仙境，唐伯虎想，自己来了一年还没到此一游呢。

　　这时，老师说："唐寅，你想家了吧？"唐伯虎点了点头，眼圈都红了。老师又说："你的画本来画得不错，又在我这儿学了一年，可以出师回乡了。你看怎么样？"唐伯虎已经喝得半醉了，说："谢谢老师一年来的教导，我不会忘了老师的。"老师又指了指门外的景色，说："我这个园子，一向对外人保密的，今天对你可以破例。你可到后花园去愉愉快快地玩吧！"

　　这时，唐伯虎已经喝得醉醺醺的，走过去就想一步跨出门槛，可是，不料竟被撞了回来，头上还鼓起了大包。这是怎么回事儿？这扇门明明开着，怎么会是死的？他再跨另一扇门，照例被撞回来。

三个门都出不去，他的头上早肿起了大包。

先生和师娘笑得前仰后合。师娘说："唐寅，你喝多了！"请仔细看看那是门吗？"唐寅这才细看，原来，三面墙上的门和门口的景色都是老师画上去的。

唐伯虎头上碰了这三个大包，心里立时清醒，顿有所悟，明白了老师的用意，马上跪倒在地，连声说："弟子错了，弟子比老师相差甚远就骄傲起来，请老师原谅。我不回家了，请老师再赐教三年吧。"师娘忙把他扶起来，说："知道自己错了就好，以后虚心学习就行了。你妈妈看你来了，正在前厅等候。"

打这儿以后，唐伯虎黎明即起，画到深夜，毕恭毕敬，勤勤恳恳又跟老师学了三年，终于成了明代四大画家之一，青史留名，超过了老师。

35. 柳敬亭谦恭尊师言

柳敬亭，是明末清初的大名鼎鼎的说书艺人。他原来叫曹逢春，家住江苏泰州曹家庄。

由于他好打抱不平，得罪了地方上的恶势力，流浪到外乡，有一天，他睡在一棵大柳树下，醒来后抓着拂在身上的垂柳枝条，联想到自己的不幸遭遇，就改为姓柳了。接着，他默然地背诵起南齐谢朓咏敬亭山的诗，觉得"敬亭"二字可取，便以"敬亭"为名了。

一次，柳敬亭流浪在江南水乡的一个小镇上，看到茶馆酒楼上经常有人说书，便经常去听书，听后便记在心里，加上自己从小读了不少历史小说，听了不少民间故事，所以也想靠说书来维持生活。

由于不知道说书的方法和技巧，也找不到合适的老师可以求教，他只能自己摸索着瞎练一通，效果很不理想，为此也很苦恼。后来，他在旅途中听到一位高明的艺人说书，听后佩服得五体投地。这位艺人叫莫后光，他诚恳地要求拜他为师。莫后光看到这个青年诚实可爱，说书也有较好的基础，就把自己的经验传授给他。

莫后光把说书艺术的基本原理和方法讲给他听，告诉他："说书虽然是一种小技艺，也同学习其他技艺一样要下苦工夫。首先要熟悉各阶层的生活和各地的方言、风俗、习惯，然后把观察和搜集到的材料，经过反复分析，找清它们的因果关系、发展过程。还要学会对掌握的材料加以剪裁取舍，能够把有用的材料组织得恰到好处。

柳敬亭听了老师的教导后，深深地记在心头。他白天到处游街串巷，仔细地观察社会上各种现象，对方言俚语特别注意。晚上回家以后，闭上眼睛细细琢磨白天看到的事情，并把它加工、提炼、融化到历史故事中去，并认真地记在纸上。

他这样学习了几个月后，便去找老师指点。老师让他说了一段书，对他说："现在你虽然能讲出故事，但还没能引人入胜。重要的是时时刻刻要想到怎样把故事说得好，说得动听。有时，故事中的情节要从从容容直叙，一路走来，直达胜境；有时，要简洁明快，开门见山，一目了然；有时要增加一些伏笔或悬念，让听众总想听个究竟，舍不得离去。总起来，在故事的轻重缓急之间，安排的贴切妥当，件件事交代要有头有尾，扣人心弦。"

他听了以后，继续苦心钻研。他经常深入到人们中去，和各种人交朋友。在交往中，他发现，有许多上了年纪的人说起话来很吸引人，而声音又随故事情节的跌宕起伏而抑扬顿挫，感染力很强，尤其是说话时那种胸有成竹的神态，很值得学习。他每天都细心观察、模仿。又过了几个月，他又去请教老师。

老师听了他说的一段书后，说："你现在进步已经不小了，听的人能聚精会神，但还要精益求精。说书的人要和故事中的人物打成一片，这样才能在动作、语言、神态上无不惟妙惟肖，活灵活现，使自己成了故事中的人物。才能吸引听众进入故事所表现的境界，连他们也忘了自己，忘了是在听书。这才是说书艺术最理想的境界。"

柳敬亭听了老师这番话，信心更足了，学习也更刻苦了。于是他进一步深入生活，熟悉人们的感情、爱好。他还常常说书给人们听，让大家评论，晚上再重新练习一遍，把大家的意见尽量采纳进去。

这样又过了几个月，他又去找老师。这次听了他说的书后，老师高兴得连翘大拇指说："你现在已学到家了。还没张口，你已制造了故事中的气氛，等说起来时，听众的情绪就能够不由自主地跟着故事中的人物共鸣起来了。"老师拍着他的肩膀说："你进步真快啊！真快啊！"

柳敬亭在名师的指点下，经过自己的刻苦研究，努力学习，终于成为一个有名的说书艺人。他走遍了大江南北，到处受到人们的热烈欢迎。

36. 毛泽东虚心接受批评的故事

在中国革命的漫漫长途中，毛主席一贯主张谦虚谨慎，戒骄戒躁。他自己就是谦虚的典范，这也正是作为一个领袖的伟大之所在，这里谨向读者介绍毛主席虚心接受意见的几个小故事。

争吵以后的启示

1959 年 4 月里的一天，毛主席正主持一次会议。在讲到党内民主生活时毛主席说：我这个人也有旧东西，比如有一次，我的弟弟毛泽覃和我争论一个问题……

说到这里，他顿了一下，接着补充说："这个人已经在江西牺牲了。那次争论，他不听我的，我也没有说服他，就要打他。他当场质问我：'你怎么打人？'事后，他还在一些人面前讲我的闲话，说，'共产党实行的是家法，还是党法？难道我不同意他的意见就打人？如果实行家法，父母亲不在，他是哥哥，也可以打我……'"

这段兄弟之间争吵的往事，已经过去许多年，当年听毛泽覃谈过这事的人，把它作为家常事，根本没放在心上。但毛主席却记在心里，在二十年后还把它提到反对家长制领导的高度来检查，教育党内不能搞家长制领导，要实行民主集中制，对人民对同志不能压服，只能说服，要以理服人。

这是天大的好事

1940 年秋天的一个上午，杨家岭前面的山路上急匆匆地走来十几个人。他们是陕甘宁边区留守兵团的领导和所属部队的几位负责同志，来到杨家岭，要求见毛主席。原来，由于我们部队的一些同志没有严格执行"三大纪律八项注意"，受到驻地群众的批评，这些同志想不通，埋怨地方党组织对群众教育不够，要求向毛主席汇报。

毛主席听说这些同志来了，就说："赶快请各路诸侯进屋来谈谈。"听了大家的意见以后，毛主席说："我看这是天大的好事！"大家一听都愣住了。毛主席接着说："开天辟地以来，中国几千年的历史，都是老百姓受官府的气，受当兵的欺侮，他们敢怒而不敢言。现在他们敢向我们提意见，敢批评军队，这是多么了不起的变化啊！这说明我们边区的民主已深入到群众中去了。……我看边区政府民主建设工作做得很有成绩。我们的军队有广大群众当老师，你们搞军队工作的就不会犯大错误了。边区大有希望！"

有人骂了自己以后

1942 年 8 月的一天，外面下着大雨，陕甘宁边区政府小礼堂正在开征粮会议。忽然一声雷响，礼堂的一根木柱被劈断了，出席会议的延川县长李彩云同志不幸触电而死。这件事传出后，有的群众说：为什么雷没有劈毛主席？

这话传到毛主席耳里，毛主席没有叫人去追查骂自己的人，更没有去抓什么"反革命"，而是向干部了解"骂"的原因。

原来，边区政府下达的征粮任务重，群众有意见，便借劈雷一事发泄不满。毛主席知道原委后，立即指示有关部门将征收公粮任务从二十万担减至十六万担。这件事的处理，使党群关系更加亲近，毛主席在群众中的威信更加提高了。

我不是圣人

1961 年 8 月在庐山，有一天毛主席和在他身边工作的张仙朋聊天，谈起他的志向，说他有三大志愿：一是要下放去搞一年工业，搞一年农业，搞半年商业，这样使我多调查研究，了解情况。我不当官僚主义，对全国干部也是一个推动。二是要骑马到黄河、长江两岸进行实地考察。我对地质方面缺少知识，要请一位地质学家，还要请一位历史学家和文学家一起去。三是最后写一部书，把我的一生写进去，把我的缺点、错误统统写进去，让全世界人民去批评我究竟是好人，还是坏人。说到这里毛主席叹了一口气，又说："我这个人啊，好处占百分之七十，坏处占百分之三十，就很满足了。我不隐瞒自己的观点，我就是这样一个人，我不是圣人。"

37. 刘少奇鞠躬请讲真话

会场上，人们正数着人民公社、公共食堂这样好、那样好。一位老人从桌边站起来，摘下青呢帽，露出满头银发，恭恭敬敬地向大家鞠了一个躬，用地道的宁乡腔恳求道："我给大家行个鞠躬礼，敬请大家对我讲点真话，反映点真实情况好不好？"

会场上霎时静了下来，大家面面相觑，不知所措，因为那谦虚和蔼、鞠躬施礼的老人是中共中央副主席、中华人民共和国主席刘少奇！

这是 1961 年 4 月的一天。当时，刘少奇同志来到湖南搞农村调查，先是在长沙、宁乡，听取中央调查组的汇报，听的情况虽比在北京多了一些，但仍是真真假假。于是，他又亲自来到长沙县当时树立的一个典型大队做实地调查。哪知这个大队被人统一了口径，前来参加会的人，异口同声，歌功颂德说假话。可就在刘少奇来湖南的路上，看到了荒凉的田野，饥饿的人群，妇女们在田地里挖野菜，老人孩子在树下采树叶。可是，在会场上又听到这个大队干部、党员言不由衷，睁着眼睛说假话，刘少奇非常恼火，真想狠狠批评一顿，可他是国家主席，有火也不能发，只好忍住气，严肃地给大家鞠了一个躬，求他们讲真话。然而，就是这样，会场上也没有人敢说一个"不"字。面对如此沉闷的局面，刘少奇感到有点凄凉，有些惆怅。于是他在 5 月 8 日回到了阔别 40 年的家乡宁乡县花明楼炭子冲。他没有惊动区社干部和邻里乡亲，就在自己出生的房间里，搭起了一个临时床铺，把一张陈列用的旧木桌，收拾了一下，权当办公桌。第二天，他让随从人员请来了老朋友成二爷和黄老倌，让他们谈谈家乡情况，说说心里话，而后又拜访了许多乡亲们。大家看到国家主席这样平易近人，谦虚礼貌，诚恳听取意见，便讲出不少真实情况。

38. 宋庆龄向小孩子道歉

宋庆龄，为人祥和、谦虚，从不居功自傲，哪怕是对待小孩子，她也十分认真、尊重。

宋庆龄十分喜欢清洁。她看到有的女孩子头发脏了，就提醒赶快洗头，看到有的孩子指甲长了，就取出指甲刀帮助修指甲。遗憾的是，有一次在提醒孩子注意卫生时，却出现了差错。

那是初春的一天，宋庆龄来到中国福利会儿童艺术剧院看望小演员们排练节目。她边走边看，有时站下来点着头夸赞小演员表演逼真，有时弯下腰来询问孩子衣服合不合适，有时将耳朵侧过来，听孩子们向她讲着什么悄悄话。

当她走到小演员陈海根面前时，眉头微皱，说："你叫什么名字？"陈海根腼腆地回答："陈海根。""瞧，你的脖子那么脏，快去洗。"

陈海根站在那里没有动，想说什么，可又没说出来。宋庆龄以为陈海根不接受意见，就又和蔼地说："只有讲究卫生，才能身体健康，不生病。有了健康的身体，才能做好革命工作。""是！"陈海根说话了，但好像带着一丝委屈。宋庆龄以为陈海根懂了，就转身跟另一位小演员讲话。

"宋奶奶——"有几个小演员大着胆子叫道。

宋庆龄急忙回过头来，她一眼看到陈海根还站在那里，脸涨得绯红。她又望望叫她的几个孩子，问："你们——"

孩子们七嘴八舌地说："陈海根的脖子不是脏，是黑。"

"他生来皮肤就黑！"

"您冤枉他了！"

宋庆龄一下子愣住了，眼里闪着歉疚的光，仿佛在自责："我太粗心了！"

她急忙走到陈海根面前，轻轻抚摸他的头，仔细一看，可不，果然是黑皮肤。

她带有歉意地笑了，拉起陈海根的手，诚恳地说："孩子，我搞错了，请你原谅我！"陈海根急忙摇头说："不，不，宋奶奶，不能怪您，应该怪我的脖子，确实太黑了，怎么洗也洗不白。"

宋庆龄爱抚地拍了拍陈海根的肩膀，说："好孩子，谢谢你安慰我。是我错了，我应该向你道歉，请你原谅我。"

"宋奶奶——"孩子们都被宋奶奶的话感动了。

39. 董必武的处世为人

董必武德高望重，淡泊名利地位，堪称一代楷模。

董必武常和身边的工作人员和家属子女讲他在工作生活中如何处世为人。

他说，他像一块碎布，哪里需要就到哪里去打补丁；也可以做抹布，哪里有灰就到哪里去抹。

他说，演好一出戏，要有主角，配角，也要有跑龙套的。干革命工作也一样，不能只愿做主要领导工作，不愿做次要的一般性工作。他说不要小看跑龙套，跑龙套也要认真，也要努力，不然也会搞成像有个相声说的那样"一边一个一边仨"的情况。

他说，打好一套锣鼓也不简单，惊天动地，威武雄壮的中心鼓当然很重要，但补空配合的边鼓也不能少。中央的工作就像一支大乐队，有司鼓、有司锣，有司钹，有司弦，他说他就是那个敲边鼓的。

董必武就是这样对待革命工作，不分贵贱，不分高低。为了整体的成功，他甘愿"打补丁"、"跑龙套"、"敲边鼓"。

1956 年 3 月，年逾 *70* 岁的董老回到阔别已久的家乡——湖北省红安县。回乡的第三天，他在县委机关会议室亲自主持召开座谈会，只准备了一些茶。被邀请的有老红军、老赤卫队员，红色地下交通员，烈军属以及董老的老同学、邻居、亲属等。

大家陆续到来，他一直迎候在楼梯上，先到的见董老没入座，也都不愿入座。董老笑着说："今天你们是客人，我是主人，快坐，快坐。"董老既当主人，又当招待人员，跟大家一起，开了个热情洋溢的座谈会。

40. 徐特立称毛泽东为师

徐特立是毛泽东的老师。他谦虚好学，在 72 岁的时候，还制定了一个 20 年的学习计划。他说："只有不断学习新东西，才能永远不衰老。要是不学习，思想一停止，人就真的老了。"

一天，有个来访的客人对徐特立的小孙女说："你爷爷是毛主席的老师。"徐老听了，连忙摆手说："不要这么说，不能这么说，毛主席才是我的老师哩！"

他见客人感到奇怪，便慢慢地解释说："毛主席年轻的时候在湖南第一师范读书，虽听过我讲的课，这是事实。可我走上革命的路，是党和毛主席指的道，几十年了，我总是向毛主席学，跟共产党走。应该说，我不过是毛主席的一日之师，而毛主席则是我的终身之师。"

实际正是这样。徐老学习毛主席著作从来都非常认真，不但在书上划重点、加批注，还做详细的笔记，写下许多的体会。年老以

123

后，眼睛花了，看普通铅印的书非常吃力，徐老就把毛主席的有些重要著作用大字抄写下来，一大张一大张地挂在墙上，反复诵读。

在徐老60岁寿辰的时候，毛主席给他写了一封贺信，信中写道："你是我20年前的先生，你现在仍然是我的先生，你将来必定还是我的先生。"当有人谈起这封信的时候，徐老就说："你们学习这封信，依我看，首先不要看毛主席对我的赞扬，你们应当学习毛主席尊敬师长、谦虚好学的高尚品德。"

徐老平日对家里人说得最多的，总是讲毛主席怎样领导中国革命夺得了一个又一个的伟大胜利。有人来采访徐老生平事迹，他总是一再地说："不要写我，我是过时的人了，你们应该宣传毛主席。"

湖南省有关部门订了一个计划，要绿化徐老的家乡长沙五美乡，打算在那儿种一些比较名贵的树，美化一下徐老的故居环境。徐老收到计划蓝图后，专门回信，不同意为他的旧居花钱，而应该普遍绿化农村。

不久，徐老去湖南参加省人民代表大会，又特地派秘书去林业厅转达他的意见：把那些名贵的树籽都种到韶山去，去韶山参观的人多，有不少是世界各地来的外宾，把那儿的环境布置好，才更有国际意义。

41. 刘伯承谦虚自束

朱德称赞刘伯承"不但骁勇善战，足智多谋，而且在军事理论上造诣很深……为国内不可多得的将才"。叶剑英赞他"太行游击费纠缠，撑住平辽半壁天"。陈毅赞他"论兵新孙吴，守土古范韩"。

革命同志的赞扬使刘伯承十分不安，他坚持不让别人称他为军事家，始终把自己看成是中国人民解放军的普通一兵。

　　1947 年 *6* 月 *8* 日，在安阳召开的功臣大会上，刘志坚领着冀南人民的代表，把绣有"常胜将军"的横匾送给刘伯承司令员。刘伯承在致答谢词时谦逊地说："说我是常胜将军，我不敢当。不会是常胜，多数胜就不错了。是党的功，人民的功，我不敢贪天之功奉为己有。我只是人民的勤务员，没有人民给吃、给穿、给人，军队就不能打胜仗。"

　　1948 年 *5* 月，中原军区政工会议结束前，请刘伯承去讲话。他因要去前方指挥作战，不能到会。行前，他对副政委张际春说："我有一个意见请转达给到会的同志，这是我自己常想的一个问题，一个革命军人，如果离开了党的领导，就不能成为一个革命军人。不管你是多高的指挥官，权威有多么大，一个口令能使上千上万的人为你立正。但这些都是党给予你的，你个人没有什么可以骄傲的。你如果昏头昏脑地骄傲起来，走向军阀主义，那你就要离开党，那是非常危险的。"

　　1952 年，刘伯承在南京军事学院任院长。建军节前夕，他从北京开会回来，看到几个文化干事正在大礼堂前悬挂标语，其中一条写着"攻书求实用，应如攻坚求战果"。这句话是刘伯承为院报创刊两周年的题词。他对文化干事说："快把这条标语撤下来！我的话怎么能写到标语上去呢？不行，快把它换掉！"

　　苏联要出百科全书，有一条目：刘伯承。介绍他简要的经历和对中国革命的重要贡献。当时，中宣部的同志起草了一份稿子。刘伯承看到在简历的介绍中写着"革命军事家"几个字，他便拿过毛笔，把"革命军事家"改成了"革命军人"。

　　李秘书看了，提意见说："您是有名的军事家呀，怎么能和普通军人一样称呼呢？"

　　刘伯承微笑着，一边指着"革命军人"几个字，一边耐心地解

125

释道："要讲军事'家'，应该说革命军队是个大'家'。没有大'家'，哪有这个'家'，那个'家'。不要说自己是军事'家'，我们都是在毛主席军事思想指导下才打了胜仗的，是靠了许多革命军人英勇奋斗才取得胜利的。我只是一个普通的革命军人。"

刘伯承就是这样谦虚，这样自我约束的。

42．贺龙改诗谈英雄

贺龙（1896—1969），湖南桑植人，无产阶级革命家、军事家，中国人民解放军的创始人之一。

1927年，贺龙到达南昌的第二天，前敌委员会书记周恩来亲自来到贺龙的住处，把前委会决定举行武装起义的情况，详细地告诉了贺龙，并代表前委任命贺龙为起义军总指挥。贺龙听了，坚定地说："很好，我完全听党的话，党叫我怎样干，我就怎样干。"

贺龙召集了二十军团以上的军官会议，亲自做了起义动员，他说："国民党已经叛变了革命，我们今天要重新树起革命的旗帜，反对反动政府，打倒蒋介石……我们今后，要听共产党的领导，绝对服从共产党的命令。"

"砰！砰！砰！"在总指挥部的楼顶，红色信号弹划破夜空。8月1日凌晨2点，具有历史意义的南昌起义爆发了！

经过激烈的战斗，光荣的"八一"南昌起义胜利了。后来，党中央把8月1日定为我党的建军节。

1941年8月1日，兴县举行文娱晚会，庆祝"八一"建军节，贺龙应邀参加。

帷幕徐徐拉开了，一个英俊的少年站在舞台的中央，慷慨激昂地读着他的诗作：

"我要讲一个英雄的故事，

这个故事，

就是南昌起义；

这一个英雄，

就是您啊——

我们的贺老总！"

刚刚朗诵到这里，台下突然有人喊："小鬼，你这一句诗不对头，南昌起义怎么只有一个英雄呢？""少年诗人"心里一愣，顺声音看去，喊话的正是诗中赞美的贺龙，心里就慌了，可一想到贺老总有个爱和台上演员说话的习惯，就定了定神，准备继续朗诵下去。

这时，贺龙站了起来，把他招呼到跟前，亲切而认真地说："小鬼，你朗诵的很有感情嘛！但观点和事实不对嘛。我告诉你，南昌起义主要领导人是周恩来副主席，还有朱德、叶挺、刘伯承、聂荣臻等许多同志，怎么能说只有一个英雄呢？那时，我还不是共产党员，起义后半个月由周恩来介绍入党的呢，能算个什么英雄？"贺老总的实事求是的精神和谦虚品德使那个小鬼非常敬佩，贺老总的批评，也让他很是不安。他脸红了。

看了看小鬼的神情，贺老总又说："不过，你也不要着急，好好改改，改好了再向部队朗诵。下一次朗诵的时候，我一定还来听。"

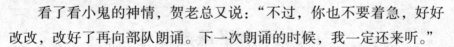

43. 罗荣桓的二三事

罗荣桓埋头工作，不愿出头露面，更反对对他个人的宣传和颂扬。照相、题词、上主席台之类的活动，他都尽可能避开。

1945 年 4 月，党的第七次代表大会在延安隆重召开，罗荣桓在会上被选为中央委员。消息传到山东，同志们都特别兴奋，宣传部的一些同志则酝酿印制他的头像。罗荣桓知道后，把宣传部副部长陈沂找了去，叫陈沂制止这件事。陈沂解释说："这是同志们对你的尊重。"罗荣桓摇摇头说："尊重可以，但不必把我的像挂到墙上去呀！"在罗荣桓的一再坚持下，他的头像始终没有印成。

建国以后，罗荣桓元帅任中国人民解放军总政治部主任。有一次，《解放军报》发表的一则关于民兵工作的消息中，有几处提到罗荣桓的活动和指示，他看了后给总编辑打电话说："罗荣桓给了你们什么贿赂啊！为什么左一个罗荣桓元帅，右一个罗荣桓元帅的宣传，这样做没必要嘛！工作又不是我一个人做的。"

在和同志的关系上，他也十分谦虚谨慎。有一天晚上，罗荣桓夫人林月琴接到一位同志的电话，说要来看罗帅。林月琴同志怕影响罗荣桓的休息，便另约了时间。第二天林月琴向罗帅谈了这件事。罗荣桓严肃地说："这样不好，过去在山沟里打游击，什么时候来人，就什么时候见。睡着了还叫起来呢！这个同志晚上要来，可能有急事，时间是晚了一些，那有啥关系？能谈就谈，不能谈见见面也是好的嘛！你这一挡驾，恐怕他一宿都睡不好。"吃过早饭，罗荣桓元帅亲自去看了那个同志，那个同志十分感动。

44. 邓小平谦虚改字

邓小平是卓越的党和国家领导人，优秀的无产阶级革命家。

1983 年 6 月，中共中央办公厅的同志把"学习雷锋标兵"朱伯儒的事迹材料，报送邓小平，请邓小平题词。

邓小平认真阅读后，思考片刻，然后提笔在宣纸上写道："向朱伯儒同志学习，做一个名符其实的共产党员。"

他把这份题词交给办公厅的同志，说："请不要急于拿去发表，应该请语言学家推敲一下，看看有没有用字不准确的地方。"

办公厅的同志去请教语言学家王力先生。王力接过题词，戴上花镜，一字一字地推敲。念了一遍又一遍，不住地点头说："好，写得好！"当王老又念一遍时，眼睛停在"名符其实"的"符"上，说："不过，'名符其实'的'符'，现在已不使用了。如果就这样，用字不规范，最好用'副'字。"说着用铅笔在"符"字旁边写了一个"副"。

办公厅的同志回来后，拿着改过的宣纸指给邓小平看。"王力先生说，'名符其实'的'符'不规范，应该用这个'副'。"邓小平十分高兴，说："改得好，改得好。虽然，过去用这个'符'字，现在不用了，就是错别字了。老师写了错别字，贻误了学生，国家领导人写了错别字会影响国民的文风。这叫上行下效嘛！你去替我好好谢谢王老！说我显些做错了一件大事。"

他又要来一张纸，仔细地把"向朱伯儒同志学习，做一个名副其实的共产党员"写在上面。写完后，又用笔点着，念了一遍。尤其念到"副"字时，停了好一会儿。

邓小平认真改字，被传为佳话。他乐于纳言的品格，是我们学习的典范。

45. 华罗庚与陈景润

华罗庚（1910—1985），江苏金坛人，当代世界著名的数学家。他初中毕业，自学成才。在数论、矩阵几何学、典型群等许多领域都做出卓越贡献。著有论文200多篇，专著十几本。

华罗庚虽然成就卓著，仍十分谦虚。他有一篇数学名著叫《堆垒素数论》，自发表以来赞誉不绝。

年轻的厦门大学图书管理员陈景润，在研究华罗庚《堆垒素数论》时，发现这篇名著，在阐述它利问题上有重要谬误。经过反复研究，确信自己的见解正确无疑，就写了一篇驳斥它利谬误的论文，附以短信，一并寄去。信中写道："您是数学王国里的一颗明星，照亮我这个数学爱好者的眼睛，我不胜感激。但是，明星上也可能有微尘，我愿帮助拂去。"

华先生看了信，读了论文，激动不已，拍案叫绝："对，对，太对了！反驳得如此中肯，如此有力！"他若有所思，说："这位年轻人身上，该蕴藏着多么大的潜能啊！"

1956 年，中华人民共和国第一次数学讨论会在北京召开。华老主持这次会议。当他走上主席台时，宣布的不是大会开始，而是另外一件人们意想不到的事情：

"一位年轻人，给我寄来一篇论文和一封信，对我的《堆垒素数论》中的它利问题提出了商榷，弥补并改进了它利问题。"说这话时，华老显得那么深沉，那么庄重："我提议破格接受这位年轻人参加数学学术讨论会！"

会场上响起了热烈的掌声，经久不息。一些老一辈数学家落下热泪。大家是为年轻一代数学爱好者的进取而激动，更是为老数学家的谦虚而激动。华罗庚把陈景润调到中国科学院数学研究所，留在自己身边……

后来，陈景润摘取了数学王冠上的明珠，攻克了 200 年来世界著名数学难题——哥德巴赫猜想，也成了著名的数学家。

46. 郭沫若谦虚的故事

郭沫若同志才华横溢，学识渊博，但他却非常谦逊。

一次，《郭沫若文集》开始分卷发行的时候，一位上海的中学生对文集的个别字提出了意见，郭老热情地回信感谢，并准备将行将出版的各卷文集分送给他，嘱他读后再提意见；又一次，话剧《屈原》演出时，幕间郭老与饰婵娟的演员谈到婵娟斥责宋玉的一句话："宋玉，你辜负了先生的教训，你是没有骨气的文人。"郭老认为在台下听来有些不够味。饰钓者的演员正在旁边化装，插口说："'你是'不如改成'你这'，'你这没有骨气的文人'就够味了。"郭老接受了他的意见，并写了短文附于剧本之后，称这位演员为"一字之师"。

郭老的《甲申三百年祭》，就是从历史事件中，总结经验教训，要人谦虚。他在《日本的汉字改革和文字机械化》一书中，写道："我同汉字同呼吸了六十多年，对汉字有着深厚的感情，但，无可讳言，这优美而具有独创性的文字，……字数太多，读音不准确。我虽用了它六十多年，而直到现在还会碰到不认识的字，非查字典不可。"这位众人公认的现代中国学者中认得最多汉字的人竟是这么谦虚。还在作家沙汀称赞他在文学诸方面的贡献时，郭老说："十个指头按跳蚤，没有一个按到啊。"这就是郭老对待自己成就的态度。

47. 吴玉章晚年的《座右铭》

吴玉章同志在 81 岁时，为自己写了一篇《座右铭》："我志大才疏，心雄手拙，好学问而学问无专长，喜语文而语文不成熟。无枚皋之敏捷，有司马之淹迟。是皆虚心不足，钻研不深之过，年已八一，寡过未能，东隅已失，桑榆非晚。必须痛改前非，力图挽救。戒骄戒躁，毋怠毋荒。谨铭。"这段话的意思是这样的：我志向大，才能小，心里想的雄伟，然而手不灵活，爱好学问但学问方面没有专长，喜欢语文但语文也不成熟。没有枚皋的敏捷才思，只有如同司马相如的迟钝思想。这都是我虚心求学不够，钻研学问不深的过失。现在我已 81 岁了，想少犯过失而未能达到目的。青春的时光已经消逝，暮年抓紧仍不算晚。必须下决心改正以前的错误，努力求得挽救的机会。力戒骄傲，力戒急躁，不要怠惰，不要荒废。慎重地写了这篇铭文以牢牢记住。

吴老革命的一生，学识渊博，严于责己，决不满足，81 岁尚且努力，难道我们不应该以吴老为榜样，更加勤恳地学习和工作吗？

48. 许光达上书要求降衔

许光达（1908—1969），湖南省长沙县人，原名许德华。1925 年入党，1930 年在贺龙领导的二军 17 师任师长。1938 年初由苏联回到了延安，先任抗大总校训练部长，后任抗大教育长。1950 年 5 月被任命为中国人民解放军装甲兵司令员兼政治委员。

许光达的妻子叫邹靖华，也是久经革命考验的老同志。

建国初期的一天，许光达严肃地对妻子说道："靖华，有件事我要和你商量。中央和军委决定授予我大将军衔，可我受之有愧。好多资历比我深、贡献比我大，当过我的直接领导的同志，被授予上将军衔。相比之下，我是高了些，心里很不安。"许光达说得是那样的真诚，连妻子也跟着不安起来，焦急地问："那该怎么办？"许光达接着说："我已上书中央军委和毛主席，要求降为上将。可是，被驳了回来。毛主席讲这是集体讨论定的，是全面衡量的，照顾到方方面面，就这么定了。我给总政治部干部部的宋部长打电话，要求降格。他们回答说，按主席和军委的指示办。我真不知道该怎样办才好，你帮我拿拿主意吧！"

面对身经百战，伤痕累累的将军，妻子激动了。什么事难倒过将军呢？这一次倒真的把他难住了。一时邹靖华也拿不出好主意。沉默，沉默……突然，许光达发现妻子眼睛一亮，便急切地问："你有主意了！"妻子慢条斯理地说："你看这样好不好？军衔降不下来，要求降低行政级别行不行？这样，不就同别的大将有所区别了吗？"

许光达连声说："好！好主意！我马上给中央军委打报告，要求行政级降一级。"他激动地握住妻子的手："你可真是我的贤内助啊！真是生我者父母，知我者靖华也。"

许光达要求降级的报告被军委批准了。他的行政级定为 5 级。这就是我国 10 位大将中，其他 9 位大将都是行政 4 级，唯独许光达是行政 5 级的原因。

49. 彭德怀改诗

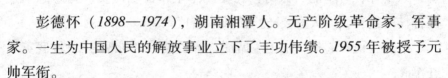

彭德怀（1898—1974），湖南湘潭人。无产阶级革命家、军事家。一生为中国人民的解放事业立下了丰功伟绩。1955 年被授予元帅军衔。

彭德怀元帅一生不仅功勋卓著，而且素以实事求是，敢于说真话，在人们心目中享有极大的声誉，有很多故事被广为传播，其中，实事求是改诗句的故事，曾在红军中传为美谈。

那是红军长征刚刚到达陕北吴起镇时，敌人骑兵十个团在后面紧紧追了上来。当时情况十分危急。毛主席指示彭德怀，一定要打退敌人的追击，绝不能让追兵进入革命根据地。

彭德怀召集高级将领反复研究了敌我态势，战术上做了周密的布置。在彭德怀的亲自指挥下，在民兵的配合下，粉碎了敌人的追击，保卫了革命根据地。

　　党中央、毛主席十分高兴，为了表扬彭德怀这一功劳，毛主席亲笔题了一首诗，叫卫兵骑马连夜送给彭德怀。

　　彭德怀听说毛主席派人送信来，立刻到指挥部门口接信。打开一看，是一首给自己的六言诗，诗是这样写的："山高路险沟深，骑兵任你纵横。谁敢横刀立马，惟我彭大将军。"

　　彭德怀看后，翻来覆去睡不着。他披衣起床，在院子里踱来踱去，陷入沉思，他想：毛主席对我的评价太高了。这次击退敌人骑兵的猖狂追击，如果没有毛主席的英明指示，是不可能取得胜利的；如果没有红军各位高级将领的周密研究，互相配合，要取得胜利也是不可能的；还有红军战士的英勇杀敌，顽强战斗，老百姓和民兵的大力支持，这都是取得胜利的因素。所有这些，应该大写特写，为什么说是"惟我彭大将军"呢？不，不是呀！

　　彭德怀想到这里，右手往左手上一打，自言自语地说："彭德怀呀、彭德怀，可不能骄傲呀！我要领导全军团指战员，好好总结这次打仗的经验，叫大家要防止骄傲情绪！"

　　于是，他拿起笔，把毛主席那首诗的最后一句改为："惟我英勇红军。"

　　改完后，他把诗装进信封里，这才开始睡觉。第二天早上派警卫员将原诗退还给毛主席。

　　毛主席接过原诗一看，想了想，赞叹地说："彭德怀是个老实人，不居功，好，改得好！"

　　一首诗，虽然只改了三个字，但却说明了彭德怀这位伟大革命家对党忠诚，全心全意为人民，说老实话，办老实事，做老实人，实事求是的博大胸怀和高尚品格。

50. 邹鲁山不负重托

邹鲁山是抗日时期在陈毅同志引导下，由爱国民主人士成长为无产阶级先锋战士的一个典型人物。

邹鲁山是苏北阜宁县人。他聪明好学，仗义轻财，能诗善文，工于书法，精于围棋，亦好京剧。1927年毕业于南京国立东南大学。获文学学士学位。凭邹鲁山年少英俊、才华横溢，加上其长兄、内弟又在政府、军队任要职，有这诸多社会关系，谋求官职，那时并不是难事。但是邹鲁山嫉恶如仇，洁身自好，憎恶当时社会黑暗，不愿踏入仕途，愿以教育救国，甘在上海一所中学任教。后来深感教育并不能救国，便谢职返回故里。当时，他家乡一带土匪如毛，危害甚烈。邹鲁山便挺身而出，联合地方自卫队，主动多次击溃土匪，保得一方安宁。抗战爆发后，深为祖国命运忧虑，常常慷慨悲歌岳飞的《满江红》，唱得声泪俱下。又疾书"还我河山"四个大字悬于中堂，以示一片爱国的赤诚。也曾冒死组织地方武装，袭击过日寇兵船。然而空有一腔热忱，却找不到抗日的前途，常常陷入彷徨苦闷的状态之中。

这时陈毅同志率新四军军部转移到苏北阜宁县西北的停翅港。开始对邹鲁山这位抗日爱国人士引起高度重视，便与军部敌工部长刘贯一商量如何接触邹鲁山的问题。不久，刘部长便派敌工部干事张剑秋，带着陈军长的亲笔信找到了邹鲁山。邹鲁山欣然接见，喜阅来书，几行潇洒苍劲的行书跃入眼帘。

"鲁山先生雅鉴：闻君有围棋，若此情属实，能否借给我一用。如方便，请至我处一叙。"署名陈毅。邹鲁山异常激动，当即回答："陈军长军务繁忙，赐书一介布衣，邀乡间野士至虎帐一叙……"稍有思考，又说："哦，我想陈军长与我素不相识，从何叙起？一定有抗日大事相议，我当尽早去拜会。"张剑秋同志当即补充说："邹先生真是大才，很快领会了陈军长的意图。"

一个月后，邹鲁山便随张剑秋来到了军部。陈毅同志闻讯出迎，邀请入室。鲁山见陈军长的豪爽气度顿生敬意，忙谦逊地说："鲁山乡野之人，有辱大驾屈就。呈上一副较好的围棋，聊供将军消遣。"陈毅见他过于拘谨，便哈哈一笑说："邹先生出身于书香门第，定是高手。来，咱们先干一仗！"爽朗的笑声，坦诚的态度，好似故友重逢，一下子缩短了许多距离。

晚饭后，陈毅便与邹鲁山促膝长谈。从当前国难谈到将来美好前景；从毛泽东的持久战的战略思想到实行减租减息的当务之急。邹鲁山听得非常入神，连声称赞："全面精辟，前无古人，治了我的急性病。"两人越谈越投机，直到深夜方息。

1942 年 4 月 21 日，于大顾庄正式成立射阳县。同年 10 月，陈毅同志根据邹鲁山的一贯表现和工作能力，推荐他为首届参议长，士绅们一致赞同。邹鲁山从此工作更加积极，他家几乎成了接待站，经常有人住在他家，短则一两天，长则两三个月。由于开支过大，不几年就将田产卖去了大半，生活趋于拮据，但对来往同志依旧十分热情。

1942 年冬末，陈毅率军部向盱眙县黄花塘转移。临行之前，陈毅与张茜商量如何安置出生四五个月的小男孩的问题。随军转移吧，一路上多有不便；找当地老乡抚养吧，谁肯承担麻烦，冒此风险？想来想去，想到了邹鲁山。于是陈毅便向他坦率地说出自己的想法。邹鲁山毫不犹豫，当即表态说："军长及夫人敢将爱子托付，这是对我高度信任，就是肝脑涂地，也在所不辞。"张茜收拾好孩子衣物，用包被裹好孩子，流着惜别的眼泪送给邹鲁山。邹鲁山轻轻接过孩子，说："请放心，只要我在，一定保证孩子安全。"

第二天上午，邹鲁山把孩子（当时小名小虎、又称小绔子，即今陈昊苏同志）抱回家。邹母知道了很不高兴，责备鲁山说："你有好多侄子，随便过继一个都可以嘛，何必抱人家的？"鲁山说："何必过继伤了他们的感情。我特地抱个婴儿，养大了也是一样啊。"就这样，他瞒过了亲人及邻里，到了晚上夜深人静时才将真情告诉了他妻子。她听了忧虑地说："这担子比泰山还重呀，孩子有个三长两短，如何向陈军长夫妇交代？"鲁山说："不要怕，只有我们两个人知道，绝对保密。你得为我多负担繁重的抚养任务。"他妻子点头承诺。从此，为掩人耳目起名"小压子"。鲁山借口孩子胆小，发现有鬼子扫荡立即报信。为避开敌人扫荡，他不顾自家孩子，先将"小压子"藏到芦沟、坟场。一有感冒脑热，鲁山夫妇日夜守护，请医喂药。"小压子"患过猩红热病。鲁山夫妇更是倍加照顾，到处求医买药，花了许多财物，终于治好，鲁山夫妇俩为此喜不自胜。

1943年端阳节前一天，陈毅派人将小虎从鲁山家接回黄花塘。临行时鲁山夫妇依依不舍。鲁山的三个女儿忽然不见相处很亲热的"小弟弟"，与父母缠蛮数日，直到得知孩子安全到达，才将真相告诉三姐妹。

1979年9月，当年的"小压子"陈昊苏同志还从北京专程来阜宁看望了两位老人。

51. 张爱萍诚招天下将

张爱萍是一名高级将领，也是戎马一生，手不释卷的儒将。他不单足智多谋，胆识过人，而且非常注重感情，团结人，信任人，重求信义。他笃信"天下之事，成于同，而败于异"。抗日战争初期，他同周恩来同志一起在武汉八路军办事处做统战工作，当时周总理亲自赠给他宋代程颐说的一句话，叫做"以诚待人者，亦以诚而应"。他坚信不移，并经常以此教育和影响自己的下属。正因为他具有这些宝贵的品质，所以，在频繁的戎马争战中，他与同事精诚团结，克服了无数困难，为党和人民屡建奇功。

在中国人民海军建军史上，就记载了他以"诚招天下将"的这样一段历史佳话。

1949 年初，党中央发出"打到南京去，解放全中国"的伟大号召。命华东军"着即组建海军，务必于49 年底以前能够配合陆军解放台湾。任张爱萍为华东海军司令员兼政委，着手组建人民海军。要在一年时间内，完成组建海军伍务谈何容易。一无完整战舰，二无海军海上作战指挥人员，以及驾驶舰船，谙熟海军技术人才。从陆军选调上来的兵源，也是未见过海的"旱鸭子"。按照惯例，训练一个航海官需六到九年，一个舰上操作兵需二到三年正规训练。

面对这种情况，怎么办？张爱萍采取一个大胆的办法："招贤纳士"。即从原国民党海军人员中，广罗人才。当时，要做出这样的决定，要拿出很大的勇气。有人对这个办法有很大顾虑，认为靠不住。可张爱萍认为，在他们这些人中有不少人，当初投笔从戎，献身海军事业，并不完全为一党一派的私利，而为了抵御外侮，保卫国家免受帝国主义的欺负。在建设强大的海军问题上，有着共同的思想基础。他的想法得到上级肯定之后，立即在全国沿海各大城市设立了招罗原海军人员的登记处。通告一经发出，原国民党海军一大批重要骨干闻讯应召，应验了张爱萍的想法。在登记名单上，除一般人员外，还出现了原海军高级将领：曾以鼎中将、周应聪少将、曾国晟（shèng）少将等名字，真所谓，"精诚所至，金石为开"。

徐时辅是一位知识渊博，海军事业的匡世之才，但他又是国民

138

党最高当局的一名亲信，担任过国民党海军司令部办公厅副主任，是国民党海军司令的把兄弟，蒋介石亲自接见他、并授给他"中正奖"。开始时，徐时辅自己有顾虑，怕不被接纳，在我军当时也有人说：像他这样的人，能诚心为建设海军服务吗？张爱萍却说："千军易得，一将难求啊！解放前夕，在国民党逃往台湾的关键时刻，他听从了我地下工作者的劝告，没有跟着走，而受到通缉，说明他有爱国心，我们有共同愿望，不能拒之门外。"于是张爱萍亲自接见徐时辅，作了彻夜长谈，面对这位海军全才，恳切地对他说："欢迎你参加人民海军，建设海军，我们没有经验。希望你真诚合作……"徐时辅被张爱萍宽厚待人，赤诚相见感动得热泪横流，当即表示愿意参加人民海军，贡献力量。自此以后，张爱萍吸收他参加海军建设的重要会议，任他为华东海军训练处副处长，放手使用，充分信任。使徐时辅终生难忘的是 1949 年 8 月份，张爱萍与徐时辅及其他国民党原海军高级将领一起被毛泽东接见，并合影留念。徐时辅那时 34 岁，还没有与在北京的未婚妻完婚，张爱萍便催促他尽早去北京完婚。徐时辅爱人的父亲是伪国大代表。有人说："只他本人就够复杂了，还有这么一个老丈人，张司令何必这么张罗呢？以后怎么说得清？"张爱萍非但没有接受好心劝告，还亲自在北京为徐时辅主持了婚礼。婚礼上，张爱萍祝词说："祝你们幸福，共同进步！"张爱萍就是这样带着共产党人的赤诚，走进了徐时辅的心扉。张爱萍对徐时辅的并非出自一般关怀而已，而是出自真心诚意，在他亲手制定的人民海军建军原则上，是这样写的：在共产党的领导下，以人民解放军陆军为基础，团结原海军人员，共同建设人民海军。徐时辅被党的政策感召了，也被张爱萍人格力量震撼了，他说："我要以心换心，把我的全部才华奉献给新中国的海军事业。"自此以后，徐时辅夜以继日的工作。华东海军部队根据徐时辅制定的计划，仅仅用了三个月，就把一批批"旱鸭子"训练成初步懂得海军知识和操作技术的海军人员，与经过学习思想面貌焕然一新的原海军人员，联袂登上了舰艇。不久，一支用多艘舰组成的人民海军，突然出现在东海洋面。人民海军刚刚诞生就威镇海疆，使敌人闻声丧胆。先后配合人民解放军陆军部队解放了滩浒岛、嵊泗岛、舟山群岛及一江山岛；一举击沉了国民党主力舰"太平号"巡洋舰。徐时辅为新中国海军事业的初创，做出了自己的贡献，实现了自己的诺言。

张爱萍在创建中国人民海军过程中，以"诚招天下将"，也与原国民党海军人员之间建立相互信任、相互尊重的革命情谊。在"文化大革命"中，徐时辅等人也受到了冲击，张爱萍不顾身家性命，背着"招降纳叛"的重压，出具证明："工作是我要他们做的，有问题找我好了。"后来，海峡对岸经常传来原国民党当年把兄弟飞黄腾达的消息，但徐时辅始终不悔。每谈到张爱萍，他老人家用手抹着泪说："人生难得一知己啊！"他与张爱萍在共同的事业中，结成了患难之交。

52. 许光达对妻子的忠信之恋

许光达原是中共八大中央委员，国防部副部长兼装甲兵司令员，中国人民解放军的十位大将之一。

许光达一生光明磊落，正直诚实。他牢记自己是人民的公仆，时时处处严格要求自己。

建国初期，中央军委决定授予他大将军衔，可他看到有好多资历比自己深，贡献比自己大的同志都没有授予大将军衔，感到受之有愧，心里很不安，真诚地要求降为上将，中央军委没有同意，他又再次要求降低行政一级，被军委批准了。这就是我国十员大将军，其他九员大将都是四级，唯独许光达是行政五级的原因。他不仅是叱咤风云的军事家，国家高级领导人，而且是患难心不移、富贵情不变的爱妻楷模。他认为"糟糠之妻不下堂"，这是做人的起码美德，他一生对妻子的忠信之恋，表现出老一辈革命家的社会主义道德风尚。许光达对他妻子邹靖华忠信不渝的爱情是带有传奇色彩，感人至深的。

许光达原名许德华，1908 年 11 月出生于湖南省长沙县的一户贫苦的农民家里。他七岁就开始放牛，无钱上学。但他非常想上学念书，常常站在学堂窗下偷听老师讲课。因此教书先生邹希鲁非常喜爱他，免费让他上学。1921 年，许光达考入长沙师范，邹希鲁出调到师范任教。在许光达 14 岁那年，长沙遭到大旱灾，邹希鲁的妻子因生活所迫，悲痛自尽。邹希鲁决定把九岁的二女儿邹靖华，小名桃妹子，许配给得意学生许德华。许家十分同情邹家的不幸，就订下了这门亲事。

1925 年 5 月，许光达在长沙师范学校加入了中国共产党。次年，他被黄埔军校录取。1927 年 9 月，许光达随南昌起义部队到了三河坝，在殊死战斗中他负了重伤，被安置在茂之前村养伤。房东姓孙，是村里的党员，房东有一个十八九岁的女儿，是赤卫队员，叫翠花。她美丽、温柔、朝气蓬勃。她对许光达照顾得无微不至，尽心尽力，渐渐地爱上了许光达。其实许光达也早已觉察出她内心的秘密，他对翠花也颇有好感。孙大妈也很喜欢许光达，便替女儿向许光达提了亲。可是桃妹子的影子总在许光达的眼前晃动，就告诉孙大妈自己已经定了亲，翠花知道了这件事，虽然心里十分难过，但仍然很眷恋他。后来，翠花的父亲出卖了许德华，翠花和孙大妈在危机之中把他转移到密林深处。当敌人走进游击队的包围圈时，翠花亲手用枪打死了叛徒爹爹。许德华更加敬佩翠花，但他想起了桃妹子，就离开翠花找部队去了。

他几经辗转，在安徽寿县找到了党组织。后来经领导批准回家探亲，并和桃妹子完了婚。当时许德华并不想完婚，他怕连累了桃妹子。父亲却想用结婚拴住儿子。婚后，桃妹子并不知道他是共产党员，但他了解到桃妹子是拥护共产党的，就向妻子介绍了自己在外面的见闻，妻子听得入了迷，更加爱上了见多识广、知识渊博的丈夫。婚后才十天，由于叛徒出卖，他不得不离开桃妹子时，妻子才惊恐地知道他是共产党。临别之时，妻子哽咽地说道："你走的路对，不打倒这些坏蛋，就没有咱穷人的活路"。"你快走吧，走得越远越好，我等着你……"许德华说："你要多保重，我会回来的！"

他逃到北平，无法与党取得联系。由于长久的颠沛流离，终于病倒在旅店里，而且越病越重。就在这时，旅店隋老板的女儿向他伸出了双手。隋小姐在北平女子师范读书，思想比较激进，为人正直热情。她渐渐对许德华非常敬重。在隋小姐的照顾下，他的病慢慢好了。又经隋小姐的帮助，他找到了地下党组织。隋小姐对许德华也由敬重发展到大胆地表示爱慕。隋小姐是他落魄时的救命恩人，患难中的知音，逃亡的生活使他也感到太疲惫了，此时此地，他真想栖息在这块安定的绿洲上。但是，他不能。妻子的身影仿佛就在身旁，他深知丈夫应该承担的责任和义务。如果说他过去订婚是遵从父命，那么现在，他是用共产党人的道德来约束自己。于是他又离开隋小姐而去。

1929 年 3 月，许德华到了无锡，改名为许光达。意思是只要不懈地奋斗，必达光明的彼岸。1930 年，许光达在贺龙领导下的二军十七师中任师长。有一天贺龙笑着说要给他介绍一个洪湖姑娘。他告诉贺龙在老家已有妻子，分别已经两年多了。思念之情溢于言表。自从许光达从家里逃走之后，许家遭到百般迫害。敌人逼迫桃妹子与许德华离婚，她坚决不从。她默默地忍受着残酷的敌人、艰难的生活和严重的疾病的折磨，等待着丈夫的归来。

此后，在一次战斗中，许光达负了重伤。几经辗转，开始送到后方医院，又送到上海一家医院，由于叛徒出卖，组织上不得不把他送到苏联治疗。后来由于苏联和国民党关系恶化，以后整整六个春秋，许光达和妻子失掉了音信。

1938 年初，许光达由苏联回到延安，先任抗大总校训练部长，后任教育长。同年，桃妹子从父亲的同窗好友徐特立那里，懂得了许多革命道理。后来她也到了延安。在延安，许光达和邹靖华夫妻传奇般地重逢了，一时间被传为佳话。因为当时在延安，许光达的婚事是人们非常关注的事情。风华正茂的许光达一出现在延安，就引起了人们的注意。有许多女作家、女演员、女记者、女军官等对许光达都很倾慕，有的也曾向他求爱，但都被婉言谢绝了。他被一些女同志认为是"不懂感情"的人。其实，许光达最懂得感情，也最珍重感情，他心中始终没有忘记自己的结发妻子。有人曾劝他说："你同桃妹子离散了十年了，兵荒马乱的年月，倘若她不在人世了，你岂不是白等了？"但他说："我要等。万一她没有死，我另娶她人，岂不伤透了她的心？这些年来，她为我做出了那么大的牺牲，盼望与我团圆。假如她真的死了，我也要见到她的坟墓，添上一抔土，否则，我是不会再娶的。"许光达夫妻终于奇迹般地团圆了，在抗大的同事和学员们看来，邹靖华貌不出众，语不惊人，不过是个平常的女人。然而，这就是教育长苦苦等待的心上人，因此，大家对许光达更加敬佩了。

新中国成立以后，许光达作为国家高级将领和领导人，经常可以带夫人参加重大的礼仪场合，但邹靖华却不愿意参加这种活动。因为多年来，艰巨斗争和艰苦生活的磨砺，使她未老先衰。她觉得自己比那些年轻、漂亮、光彩照人的夫人，太逊色了。可是许光达每次都硬拉她去参加，他说："国家的威仪，不仅仅表现在外表上，而主要是看一个国家的国魂、士气、民风和人民的精神面貌。在这方面，你可以把那些外国武官的夫人比下去。'糟糠之妻不下堂'，这是做人的起码道德，何况你我是患难多年的夫妻。"

许光达对妻子邹靖华的感情，不仅经历了战争年代艰难困苦的考验，也经受住了和平环境身居高位的考验。熟悉他们的人，都知道他是怎么样地尊敬、关怀、爱慕自己的妻子的。他对妻子忠信不渝的崇高品格，永远留在邹靖华和亿万人民的心中。

53. 张闻天临终交党费

张闻天，江苏南汇（今属上海川沙县）人。老一辈无产阶级革命家。红军长征时期，曾任党中央总书记。在遵义会议上，他和周恩来、朱德等一起，坚决抵制王明左倾路线错误，积极支持毛泽东对我党我军的领导。1959 年后以及"文革"中曾受到错误批判和"四人帮"的迫害。张闻天在这种逆境的情况下，仍然忠于人民，忠于党。

这一天，病榻上的张闻天已经进入了弥留之际。经过长时间的昏迷后，他又苏醒过来了。他艰难地举起了颤抖的手，守候在他身边的妻子刘英赶忙凑到床前，张闻天吃力地说出了自己心中仍不放心的事。原来，他向妻子一再坚决地表示，要把生前全部存款作为党费交给组织。这件事他还放心不下，他要妻子留下字据。妻子含着眼泪说："你放心吧，难道你连我也不相信吗？"张闻天这才满意地表示了放心。他还再三嘱咐，不要让公家负担他的药费，全部由自己支付。这位一生简朴的共产主义战士，在离开人世时，身上仅穿一套经过再染的旧制服。

张闻天的举动绝不是偶然的。抗美援朝时，他捐献过一大半工资；发行建设公债时，每次他都带头认购；他还经常多交党费，有一次，他交出过两千元。在许多活动经费上，明明公家可以报销的，他却要自己付，而这最后一笔四万元的存款，大部分是补发给他的工资，他也全部奉献给了党和人民。

张闻天不但自己一生忠于人民，忠于党，还教育子女也这样做。1957 年，党中央第一次发出关于知识青年上山下乡的号召时，张闻天支持儿子到河北农村劳动，1967 年又鼓励儿子去新疆建设兵团，并在那里安了家。1972 年，儿子回广东探亲时，曾向爸爸提出，为了照顾年迈的父母，是否向组织要求调动工作。根据父母年迈的情况，这个要求是符合政策的。可是张闻天不同意，对儿子说："不能提，国家经济有困难，不能造成不好影响。"直到临终前，他还嘱咐儿子安心边疆。

张闻天就是这样，无论是在漫长的革命斗争年月，还是在受到误解和屈辱的时候；无论是对自己，还是要求自己子女，都始终不改他那对人民、对党的无限忠诚。

54. 宋庆龄信守诺言

宋庆龄（1893—1981），广东文昌人。中华人民共和国名誉主席。

全国解放后的一天，一个幼儿园接到通知，说宋庆龄老奶奶要来看望孩子们。大家听了，都非常高兴。大家把室内外打扫得干干净净，孩子们都换上了新衣服。一切准备就绪，只等宋奶奶光临。

俗话说，天有不测风云。糟糕，天起风了。霎时间，飞沙走石。

大家议论开了："宋奶奶可能不会来了。"宋奶奶真的不会来了吗？"笛笛"！大门口汽车喇叭响了。是宋奶奶来了！她不顾寒冷，冒着漫天风沙来了。

宋奶奶笑容满面地走下汽车，走到孩子们中间。一位老师怀着歉疚的心情说："天气不好，您就改个日子再来嘛！"宋奶奶摇了摇头，认真地说："不，我不能失信，我应当遵守诺言！"宋奶奶给大家讲了她小时候的一件事。

一次，她的同学小珍约她第二天教叠花篮。第二天早晨，爸爸叫醒了宋庆龄，对她说："今天上午，我们全家到李伯伯家做客，你快起来穿衣服。"宋庆龄听了很高兴，李伯伯家的鸽子最好玩啦！

吃早饭时，她突然皱起眉头发愁了。妈妈奇怪地问："庆龄为什么不高兴啊？"宋庆龄坚定地说："今天上午，我哪也不去了！"爸爸惊讶地问："为什么？"宋庆龄便告诉爸爸妈妈，小珍今天约她教小珍叠花篮。爸爸听了不以为然地说："唉，过几天学也可以嘛！明天见她，向她解释一下不就可以了吗。"宋庆龄想了想说："不，你们去吧，我在家里等小珍，我不能失信。"

爸爸没办法，为难地问妈妈："我们的罗莎蒙黛（宋庆龄的英文名字）好认真哩！你看怎么办？"妈妈在中学当老师，她瞧瞧女儿说："按罗莎蒙黛自己的意愿做吧，孩子是对的。中国有句格言，'言必信，行必果'嘛！"爸爸被说服了，同意宋庆龄留在家中。

宋庆龄回到书房，复习功课。9点、10点，她耐心地等待着自己的同学。11点了，小珍还没有来。中午了，小珍大概不会来了，宋庆龄感到十分失望。

门开了。宋庆龄急忙抬起头来。"罗莎蒙黛，亲爱的女儿……"原来是爸爸妈妈他们回来了。宋庆龄跑过去拉着爸爸的手问："玩得好吗？""好极了，遗憾的是你没有去。"妈妈走过来问："你的朋友来了吗?""没有来",宋庆龄回答。爸爸一跺脚,大声说:"唉,早知道她不来,就不等她了!"没想到,宋庆龄摇了摇头,慢慢地说:"爸爸,不对。她没来,我也要等。虽然没等到,但我心里却非常坦然!"

这就是宋庆龄幼年时期遵守诺言的故事。后来,她终生都要求自己恪守信用,决不食言。孙中山逝世后,她继承了孙中山遗志,一生都在为实现孙中山的理想而奋斗,并成为一位伟大的共产主义战士。

55. 任弼时克己奉公

任弼时(1904—1950),湖南湘阴县人,曾任中国共产党中央政治局委员和书记处书记。

任弼时一生为中国人民的解放事业努力奋斗,生活中勤俭朴素,克己奉公,从不为个人谋一点私利。

全国解放前夕,任弼时身患重病,不得已在家里养病休息。他的住房不宽敞,又邻近大街,很不适宜养病。组织上给他找了个较为舒适安静的地方,建议他搬过去住。任弼时知道后说:

"那房子住着一个机关,而我是一个人,怎能牵动一个机关呢?当干部的一丝一毫不能搞特殊!"

后来,组织上又给他找了一所房子,准备花钱修理。他知道后又制止说:

"现在国民经济正在恢复发展时期,需要用钱的地方很多,还是把钱用到建设上去吧!"

就这样,一直到他逝世,始终住在原来的房子里。

任弼时不仅在住房上不愿自己特殊,连平时生活上的小事也是如此。

他在北京养病时，经常到景山去散步。因身体不好，不能走远路。一次，警卫员建议从较近的小门过景山公园。他答应了，但走到那里一看，小门上搭拉着一根铁丝，上面挂着一块"游人止步"的牌子，他二话没说就往回走。

警卫员劝他说可以进去。任弼时立即教育他说：

"这里挂着牌子，说明公园有规定，这是他们的制度，我们决不能破坏！"

结果还是每天坚持走原路去景山。

任弼时不但严于律己，而且对子女的要求也十分严格。

还是在他转战陕北时，他的大女儿和二女儿，正好上初中和小学。每次敌人来了，都得跟着学校转移，有时还要翻山越岭。有的同志见她们年纪小，出于对她俩的关心，准备把她俩送到中央机关大队，跟着妈妈陈琮英一起走。任弼时坚决不同意。并说：

"让她们锻炼一下吧，不要把孩子养成革命的娇子。"

这样，在转战陕北的一年多时间里，任弼时的两个女儿一直自己背着背包，和学校的老师一道徒步跋涉。

进了北京后，他平时经常教育孩子要爱护国家财产，节省开支。还教育家里人不要浪费一度电、一滴水。孩子上学时，平时在学校吃饭，星期天回家也不让她们吃小灶，而是让她们到食堂买饭吃。他这样做，为的是不让孩子产生特殊感。他还对孩子说：

"吃了人民的小米，不能辜负人民对你们的希望。将来一定要为人民做事。"

任弼时因病逝世后，全国人民都深深地怀念着他。

56. 陈毅律己宽人

陈毅（1901—1972），四川乐至人，伟大的无产阶级革命家、军事家，曾任中共中央军委副主席、国务院副总理、外交部长等职。

1954年，在党的七届四中全会上，揭露了饶漱石的问题，开展了对饶漱石的斗争。当时，党中央决定由邓小平、陈毅、谭震林主持饶漱石问题座谈会。

在对饶漱石的斗争中，陈毅充分表现了无产阶级革命家的高尚品质，尤其在对待饶漱石排挤、打击他的问题上，更显出了他的光明磊落和博大胸襟，显示了他严格要求自己的崇高形象。

早在1943年，权欲熏心的饶漱石，在黄花塘发动突然袭击，斗争陈毅，对陈毅进行了莫须有的诬陷，使陈毅被迫离开了新四军。

陈毅到延安后，在党中央和毛主席身边，他更表现了一个共产党员的鲜明的党性原则。当毛泽东要他不谈黄花塘问题时，他即以大局为重，不计个人利害得失，一句也不说。

后来，真相大白。饶漱石当时斗争陈毅、赶走陈毅的黄花塘事件，完全是为篡夺新四军领导权而搞的阴谋诡计。但是，陈毅在这个问题上，一方面，严格要求自己，更多的让自己和同志从中汲取经验教训；另一方面，对自己所受的打击，却显示了宽广的胸襟。每次会议，在谈到这个问题时，他总是说："在这个问题上，我应该痛切地反省。不能因为饶漱石的阴谋被揭穿了，就把自己的缺点掩盖了。为什么饶漱石能制造出这个事件？为什么有的多年在一起工作的老同志，会受饶漱石的利用？我个人也有引以为戒的地方。"

在贯彻七届四中全会的决议，开展对饶漱石的斗争中，陈毅从不认为自己一贯正确，总是多讲自己的弱点和缺点，从不因为受过饶漱石的打击和排挤而为自己出气，而是从中认真汲取应有的教训。他总是说："我对饶漱石也不是一下子就清楚了的。"

陈毅就是以如此宽大的胸怀，以严于律己的模范行动，引导大家正确对待党内斗争，开展批评与自我批评，从而增强党性，增强党的团结。

陈毅不仅在政治上胸怀坦荡，严于律己，在生活中也克己奉公，处处严格要求自己，从不利用手中的职权假公济私。

解放后，陈毅的父母回四川老家安家时，他因工作忙，不能亲自去送，他对组织上派去送的同志提出"约法三章"：

一、把两位老人直接送到妹妹家，不要惊动省委；

二、找普通民房住，不得向机关要房子。

三、安家事宜自己解决。

遵照陈毅的意见，陪同的同志帮着租了三间普通民房，亲属们帮助清扫了一下，就把老人安置下了。

陈毅在上海任市长时，他的小妹重坤想报考工农速成学校，因她文化底子差，想让陈毅写个条子，跟有关方面打个招呼。小妹三番五次地请求，他就是不写。他耐心地对妹妹说：

"速成学校是为解放区的干部办的，他们有功劳，但缺少文化，如今是为了工作才读书。你没有功劳，没有资格去，你还是去参加招工考试吧！"

小妹愉快地接受了他的意见，第二天便跑到上海制造局路考点报考，结果被上海卫生人员培训班录取。一年后，当上了"白衣战士"。

两年以后，军政大学在上海招生，重坤对大学生非常羡慕，再次要二哥帮忙写张条子，让她去试试，陈毅严肃地说：

"我没有这个权利，这个条子我不写。你要读书，我同意，你可上夜校嘛!"

重坤又愉快地听了二哥的教导上了夜校。

57. 刘伯承赔碗

刘伯承早年参加革命时,曾参加领导了泸州顺庆起义、南昌起义;在红军长征和抗日战争中,曾率部智取遵义城、巧渡金沙江、强渡大渡河、挺进太行山,参加过"百团大战";在解放战争中为新中国建立立下过不朽的功勋。

刘伯承在革命战争中,是位叱咤风云的战将,在日常生活中又是位体恤民情,维护革命纪律的模范。

1947 年盛夏的一天中午,刘伯承的儿子刘太行和房东大嫂的儿子,一起坐在门前树荫下吃午饭。正吃着饭时,小太行不小心把那个孩子的饭碗碰落到地上,碗被打碎了。小太行吓坏了,把这件事告诉了妈妈汪荣华。

汪荣华连忙端着一个花瓷碗,拉着小太行,来到房东家里。一进门,赶忙让儿子赔礼道歉。然后对房东说:

"大嫂,这碗赔给你。"

那大嫂一听,忙推辞说:

"嗨,一只破碗打了有什么关系,还赔个啥?"

"这是咱部队的纪律。"汪荣华说,"如果你不收下,老刘回来会批评我和太行的。"

房东大嫂只好把碗收下来。可等把她们母子俩送走以后,又觉得不该收这个碗。于是,硬是把花瓷碗送了回去。

过了几天,刘伯承从前线回来,听说这件事心里很不安。又亲自拿着花瓷碗,拉着小太行来到房东家,亲切地说:

151

"大嫂，损坏东西要赔偿，这是我们解放军的纪律。你不收下这碗，不是让我们违反纪律吗?"

房东大嫂非常不情愿地接过碗，感激地说:

"儿子打个碗，做娘的来送，当司令的爹也来赔，俺祖祖辈辈还从没听说过这样的事哩!"

俗话说，一滴水可以映照出太阳的光辉。刘伯承赔碗虽说是一件小事，却反映出他自觉遵守群众纪律的高贵品德。

58. 徐特立看病

徐特立是毛泽东主席十分尊敬的师长，也是全国人民敬重的革命前辈，解放后又担任着中央的高级领导职位，但他事事、时时、处处都把自己当成一个普通的老百姓，严格要求自己，体贴关心别人。

一次，徐特立到北京医院看病。正巧这天看病的人很多，大家都自觉地坐在候诊室的长椅上等着叫号。徐老的警卫员一看这情形，有点急了。心想，徐老是最爱惜时间的，就这么等着，得空耗多少时间啊。于是，他走到徐老身边低声地问道:

"徐老，这人太多了，我去跟医院张主任说一声，让先给您看，好不好?"

徐老忙摆了摆手说:

"不行，不行，不要惊动他们，还是依次序看好，稍等一下没关系。"

警卫员看了看长椅上坐着的许多人，又抬头望了望墙上的时钟，撅着嘴说:

"那够等的啦……"

徐老见警卫员有点不高兴，便招呼他坐下，拍着他的肩膀耐心地说：

"自己的时间宝贵，别人的时间就不值钱吗？我们要是不按次序看病，别人就要多等。无论做什么事，都要替别人想一想，不能光图自己一人方便。再说，你若去找张主任，因为我们跟他熟，就特殊照顾，可以不按次序看病；如果熟人都不遵守制度，那么这儿的秩序怎么维持呢？"

警卫员听徐老这么一说，觉得很有道理，也就耐着性子陪着徐老等着叫号了。

59．贺龙赔礼致歉

贺龙，早年曾参加孙中山领导的国民革命。1927年参加南昌起义并加入中国共产党，后又回到湘鄂西地区，创建革命根据地。新中国成立后，贺龙先后担任西北军司令员、中央军委副主席、国务院副总理兼国家体委主任等职。

当年，在湘鄂地区作战时，有一天，部队在一处平阳地休息。贺龙坐在草地上同干部、战士们聊天。警卫员把马拴在樟树下面，缰绳刚系好，那马一退，腿一滑，踏坏了地里的几株苞谷。警卫员十分难过，向贺龙报告说："贺总指挥，只怪我不小心，有几株苞谷苗给马踩坏了。"贺龙走过来，也心疼地说："可惜，可惜！在这山界上，种几兜苞谷也是不容易呀！要照价赔偿。"

警卫员向周围望了一望，山高谷深，到哪去找主人呢？他说："我骑马到附近走一走，找到寨子，问问这块苞谷地是谁的。"

"嘀嘀嗒嗒！"集合号吹响了，队伍马上就要出发了。贺龙想了想，从口袋里掏出一块光洋，对警卫员说："弄块手帕，把光洋包着，捆在木棒上，插在这里。等我们打完仗后，回来再打听这家主人。当面道歉！小鬼，以后要注意啊！"

一切都做好后，队伍继续前进。

过了半个月，他们又回到了这个地方。贺龙一进寨子，就向农会干部打听那块苞谷的主人。真是巧极了，那主人是田大娘，就住在这个寨子里。田大娘五十来岁，家境贫寒。那块离寨子一二十里远的地，是她去年开的一块生荒。贺龙了解清楚后，便向田大娘家走去。

到了田大娘家，还没进屋，贺龙就高喊起来："田大娘在家吗？"

"在呀。"田大娘出门一看，"哟，是贺总指挥。"原来在欢迎红军进寨的时候，贺龙给乡亲们讲了话，所以田大娘认得贺龙。田大娘见总指挥来到自己家，欢喜得不得了，倒水、递烟忙个不停。

贺龙坐下，微笑着说："大娘，今天我一来看望您老人家，二来赔个不是！"

贺龙把马踩坏苞谷苗的事讲了一遍，然后，诚恳地说："那时候，打仗任务急。今天没事，我特地向你道歉！"

这下，田大娘全明白了。她连忙从柜子里取出那块光洋，双手捧着，含着泪，望着贺龙：

"贺老总，这钱，我不能收啊！红军是我们穷人的亲人，何况这又是马踩坏的呢！"

贺龙笑着解释道："您老人家一定要收下。红军有个老规矩，损坏老百姓的东西要赔偿，我是总指挥，要带这个头。"说完，告别了田大娘，转身跨出门槛，大踏步地走了。

田大娘望着贺老总离去的身影，心情久久不能平静……

60. 毛泽民律己待兄弟

毛泽民，字润莲，他是毛泽东同志的大弟弟。毛泽民在青年时代起，就跟着毛泽东同志为广大劳苦大众的解放事业英勇奋斗，47岁时，被敌人杀害。

1931 年 7 月，毛泽民接受上级指示，到闽粤赣革命根据地，担任了闽粤赣军区的后勤部长。次年，他主持筹备和成立了中华苏维埃国家银行并担任第一任行长。在任期间，他为"统一财政，筹款支援前线"做出了重要贡献。

工作中，他严格遵守各项制度。全行上下共 100 多名职工，毛泽民对他们要求很严，经常教育大家，理财用钱一定要做到三清：即头脑清醒、账目清楚、心地清白。

对有关支出项目，他都要严格把关，一一认真审阅，就连财政部门已经盖章批准的，也毫不马虎。

平时，他生活节俭，廉洁正直。虽身为行长，没有丝毫特殊之处。每月和别人一样，只领取少得可怜的一点点津贴费，从不多拿一分钱。他的弟弟毛泽覃来看望他，每次都是清茶淡饭，从不另外设宴。

有一次，哥哥毛泽东来访，他也同样以一般饭菜招待。周围的同志见了，觉得很过意不去，就劝他说：

"毛泽东同志是你的亲哥哥，同时他又是苏维埃中央政府主席，怎么能以粗茶淡饭相待呢？动用一点公款招待一下，也是应当的嘛！"

毛泽民听了，笑着说：

"革命传统比兄弟情分更重要，手足之情也应该是君子之交淡如水啊!"

在场的毛泽东听了,也会心地哈哈大笑了起来。

61. 吉鸿昌大义灭亲

吉鸿昌(1895—1934),河南扶沟县人,抗日民族英雄。

吉鸿昌18岁时加入冯玉祥的部队当兵,由士兵逐级升为师长。他一直抱着"当兵救国,为民造福"的志愿,并一直把他父亲在临终前,告诫他"当官要清白廉正,为天下穷人着想"的话铭刻在心。

吉鸿昌有个侄儿,名叫吉南星。因他横行乡里,无恶不作,成为十里八乡的一害。

一次吉南星为了霸占一位外地来本地经商人的妻子,竟然投毒害死了那个商人。

吉鸿昌听说此事后,顿时怒火万丈,当即写了一封信,派人连夜送到县政府,指出要县长把杀人犯吉南星逮捕问斩。县长认为吉鸿昌这样做,不过是为了掩人耳目而已,并不是真心要大义灭亲。于是,虽然立即派人将吉南星逮捕入狱,但却一直关押着,久久不予处治。

后来,一次吉鸿昌回家乡探亲。刚进家门,吉南星的奶奶就含着泪找他说:"鸿昌啊,你把侄儿送到大牢,都一年了,还不叫他出来,要到啥时候啊?我求求你,快把他放出来吧,我都要想疯了。你这么大官儿,说句话,县长还敢不听?"

至此,吉鸿昌才知道吉南星还没有被处治。他十分生气,但仍装着若无其事地说:

"好吧,明天我就去看看。"

第二天,吉鸿昌来到县里,开门见山地对县长说:

156

"我是为侄儿一事来的。"

"好说，我们立即放人。"县长以为吉鸿昌来说情，忙献媚地答道。

吉鸿昌语调严厉地说：

"老百姓犯了法，你们立时严惩不贷，为什么吉南星杀了人，却长期关着不予处治？"

县长一时不明白他话的用意，嗫嚅着嘴巴，不知说什么好。吉鸿昌说：

"把我的侄儿交来。"

县长派人把吉南星从牢中提出交给了吉鸿昌，吉鸿昌带着吉南星，径直来到镇外的一片坟地。吉南星见不对劲，战战兢兢地说：

"叔叔，您这是做啥？"

"做啥？"吉鸿昌铁青着脸喝道，"杀人偿命，今天，我判你死刑！"

吉南星吓得魂不附体，连忙跪地求饶。吉鸿昌听也不听，"砰砰"两枪，结果了这个恶棍。事后，当吉南星的奶奶得知消息时，吉鸿昌早已离开家乡走了。

62. 黄克诚襟怀坦荡

黄克诚（*1902—1986*），湖南永兴人。*1927* 年参加了中国共产党，曾参加过北伐战争。建国后，曾任中央军委秘书长，中国人民解放军总参谋长。

1978 年 *12* 月，在党的十一届三中全会上，黄克诚被增补为中共中央委员，并当选为中共中央纪律检查委员会常务书记。*1982* 年，他又担任中纪委第二书记。

157

　　黄克诚担任中纪委领导工作之初，他在庐山会议上所受的错误处理尚未得到彻底平反，但他毫不计较。他对一些受过错误处理的同志，抱以极大的关切和同情，总是非常认真地听取申诉，督促有关部门抓紧予以平反纠正，而对于他个人的问题却只字不提。许多人都曾建议他给中央写个报告，要求平反。他却不以为然地说："不必了吧，我现在有工作做就行了。"他虽已 80 岁高龄，又双目失明，仍竭尽全力为拨乱反正、平反冤假错案、建立和健全党的纪律检查工作、端正党风而兢兢业业地工作。对个人问题，从未提过任何要求。

　　在一段时间内，党内和社会上曾出现肆意诋毁毛泽东和毛泽东思想的错误倾向。黄克诚于 1980 年 11 月，拖着多病之躯，在大会上发表了长篇讲话，以马克思主义的科学态度，正确评价了毛泽东和毛泽东思想的历史地位和作用，批评了一些人在这个问题上所采取的轻薄态度和不负责任的做法。他的讲话公开发表之后，引起了强烈反响，各地不少同志纷纷给他来信表示敬意。但也有人不解地说："黄克诚没被整死就算万幸了。想不到他还能讲这样的话。"黄克诚听到这种反映之后，非常严肃地说："只要我还能讲话，就要这样讲。对于这样一个关系重大的原则问题，每一个真正的共产党员都必须采取严肃、郑重的态度，决不能感情用事、意气用事，不能从个人的恩怨和利害得失出发去考虑问题，更不能对历史开玩笑！"表现了一个真正共产党人纯洁的党性和高尚大度的情怀。

　　黄克诚对于自己历次所受到的不公正待遇，从未流露出一句怨言和不满。庐山会议后，他被罢官的时间近二十年。可是，无论是对家属，还是亲朋好友，他始终不肯吐露庐山会议上的任何情况。在他晚年时，党史资料征集部门纷纷登门访问他，请他讲一讲庐山会议的细节，他都一概谢绝。当有人在他面前提起这些往事而为他深感不平时，他却说："作为一个共产党员，个人在党内受点委屈算不得什么了不起的事，这比起我们为之献身的共产主义事业来，实在是微不足道。在党的历史上，有多少无辜的好同志含冤死去，他们连全国胜利这一天都没能看到，我今天能活在世上，比起那些早死的同志，实属万幸！彭德怀同志功劳比我大得多，可没等到粉碎'四人帮'就含冤九泉。比起彭老总，我也很知足，还有什么委屈和不平可言？"

黄克诚就是这样严以律己，宽以待人，表现了一个无产阶级革命家的伟大胸怀。

63. 刘亚楼积极参加支部活动

刘亚楼（1910—1965），福建武平人。1929年加入中国共产党。建国后任党中央委员、空军司令员。

他工作十分繁忙，身体又不太好，他所在党小组的同志们为了照顾他，就少让他参加一些会议，有时过组织生活也不告诉他，让他能有更多的时间休息。刘亚楼理解同志们的心情，但他认真地告诉大家："我是个共产党员，应该参加支部活动，不能有任何特殊，而且中央有规定：'从中央委员以至每个党委负责的领导者，都必须参加支部组织，过一定的党的组织生活。今后，凡是开支部大会、小组会，都一定要通知我。"

一次，支部通知他8点开会，碰巧空军党委常委又定在8点半开会。两个会相距时间很短，可刘亚楼还是先参加了一段支部大会，并在会上发表了自己的意见，然后再向支部请假，去参加常委会。

1959年初春的一个晚上，空军直属机关某支部要过一次组织生活，时间定在7点。离开会时间还有20多分钟，支部书记就往会场走去，他要布置一下会场。他边走边想：刘亚楼同志今天晚上能参加会吗？

原来，当支部书记下午请刘亚楼的秘书转告刘亚楼晚上过组织生活时，刘亚楼正在参加空军党委常委会议，会议开到 6 点半才结束，支部书记看到刘亚楼刚乘车回家吃饭，所以担心他赶不回来开会。但马上他又否定了自己的估计，他知道刘亚楼是一位组织纪律性很强的领导者，只要秘书告诉了他开会的时间，他一定会按时到会。

果然不出所料，支部书记一进会场，就看见刘亚楼正坐在那里翻阅文件，准备开会。支部书记看了看表，才 6 点 40 分。他很不安地走到刘亚楼身边："司令员同志，您还没吃晚饭吧？"

刘亚楼抬头望了望支部书记，微微一笑，没有说什么。

还是身边的秘书忍不住，心疼地告诉支部书记："常委会才结束，我想让司令员回家吃饭，就没通知他晚上开会的事。等车开到半路我才告诉他。司令员批评了我，一定要司机调头往回开。我劝他吃过饭再去开会，他却说：'那怎么行！吃饭晚一点不要紧，参加党的会更要紧'。就这样，司令员第一个赶到了会场。"

听了秘书的讲述，支部书记心情十分激动，他不禁想到，刘亚楼是个职务很高的领导同志，不仅能按时过组织生活，而且一向都以普通党员的身份出现在会场上。有一回支部大会，当他进入会场时，大家都十分尊重他，自动站起来表示欢迎。见此情景，刘亚楼马上摆手阻止了大家，说："这是党的会议，我们都是普通党员，没有上下级之分。"当有的同志称他作"刘司令员"时，他立刻纠正说："在支部大会上，我只是一个普通党员，应该叫我刘亚楼同志，这是最亲近的称呼。"刘亚楼经常参加组织生活，十分注意听取意见，并能积极发表见解，使基层组织的会议开得特别活跃，讨论得也很深刻，比较客观。

这时，支部书记又看了看表，7点整，同志们都准时到会了。他望了望端坐在那里的刘亚楼，怀着兴奋的心情宣布："支部大会准时开会。"

64．陈赓严守军纪

陈赓，抗日战争时期，任八路军 129 师第 386 旅旅长。

1938 年秋天，太行抗日根据地刚建立不久，日本鬼子就到处进行疯狂的"扫荡"活动，想要消灭这一带的八路军，摧毁年轻的抗日政权。

当时，在山西武乡县宋家庄一带坚持抗击日寇的是 129 师 389 旅，旅长是陈赓将军。开始的时候，陈赓将军就住在宋家庄，后来，由于战斗越来越激烈，敌人一天天逼近宋家庄。为了避免不必要的损失，乡亲们进行了坚壁清野后，转移到其他地区，部队也陆续向山区移动。

有一段时间，粮食接济不上。因此，上自旅长，下至普通战士，有时竟两天多没有吃上一顿饱饭。

旅部的周管理员见到首长紧张繁忙地工作，那么辛苦，可是却吃不上饭，心里别提多焦急了。他深感自己责任重大，一定要设法保证首长的健康，使他能有充沛的精力指挥战斗。

这一天，陈赓将军正在和参谋等人在军事地图上研究一次反扫荡计划，忽然听身后的警卫员在小声交谈："告诉你个好消息，今天有南瓜吃，是周管理员找来的南瓜。"

陈赓心中诧异，放下手中的工作，跑出了指挥所，去问周管理员：

"喂！这是从哪里弄来的南瓜？"

周管理员忙答道："从村边的一块菜地里。老乡已经收过了，我们拾来的。"

陈赓看了看，果然是两个已经让霜打蔫了的南瓜，但他还追问道："跟谁买的？给钱没有？"

周管理员不好意思地摇了摇头。这下陈赓将军真的生气了，他语气沉重地责备道："谁让你们这样干的？现在每个战士都没有饭吃，大家都在挨饿！我们共产党员的干部又不是军阀，非要人伺候不行？我们是八路军，不是土匪，怎么能随便拿老百姓的南瓜？'三大纪律，八项注意'哪里去了？"

这时候，一些干部战士围了过来，大家都知道陈赓的纪律观念是很强的，就纷纷为管理员求情。陈赓对劝阻的人说："处分是一定要给的！我知道这里没有老百姓，可按你的说法，没有老百姓的地方，我们就可以违犯纪律了！"

"不！那当然不能……"

"说得对，败在日本鬼子手里还可以挽回，如果是败在老百姓面前，那就没法挽回了！"陈赓挥了挥手臂，提高了声调说："同志们，咱们一定要记住党中央毛主席的教导，只有在群众纪律上不吃败仗的军队，才能在凶恶的敌人面前取得彻底胜利！"

陈赓将军慷慨激昂的谈话，使在场干部战士深受教育。那次反扫荡，很快就取得了粉碎日寇进攻的胜利。

65. 许建国严教侄子

许建国在上海担任市委书记时，曾兼任上海市公安局长。他执法严明，从不姑息任何人。

他有个侄子，有段时间不务正业，和社会上的一些不三不四的人鬼混，干了一些坏事。他自恃叔叔是公安局长，以为公安部门没人敢管他。民警管教他，他根本不听。许建国知道后，十分恼火，立即把他找来，狠狠地训斥了他一顿，告诉他马上到派出所去主动交代问题。随后，他亲自打电话给派出所所长说："我们是执法者，必须带头守法，如果执法违法，又怎么能取信于民呢？正因为他是我的侄子，就更要从严处理。"

在许建国的坚持下，公安局把他的这个侄子送进了管教所。有些亲属因此对许建国很不满意，认为只要他说句话，孩子就没事了。事后许建国又找孩子们谈话，他说："不要以为我是市委书记、公安局长，你们就可以高人一等，你们也是社会普通一员，并没有什么特殊的地方。"

1958年，他的大儿子准备考大学，秘书起草了一封要求组织照顾的信。许建国知道后立刻加以制止，并且批评说："这样不好，考大学要凭本事，考上就考，考不上就去做工嘛！"后来，他的大儿子果然硬是凭着本事，考上了大学。

几年后，大儿子从北京航空学院毕业。当时，许建国已经出国任大使。他的女儿和小儿子希望哥哥能留在北京照顾弟妹，联合给父亲写信，要求他向有关方面打个招呼，在分配时给些照顾。谁知，许建国回信，严厉地批评了他们，教育子女当个人和国家利益发生冲突的时候，一定要以大局为重。结果，他的大儿子服从统一分配，高高兴兴地离开北京去外地工作。

许建国还十分注意对孩子们进行艰苦朴素的教育。有一次，全家吃早饭时，不满10岁的小儿子把一大截红薯扔掉了。许建国看到了十分严肃又十分耐心地说："你们不要因为今天有吃有喝就大手大脚。我们长征过草地时连皮带都吃光了，为了坚持战斗，我们把前面走过同志粪便里没有消化的青稞都一粒一粒地拣了出来，洗一洗再充饥。现在连红薯都咽不下去吗？你们要珍惜别人的劳动成果，要养成艰苦朴素的劳动习惯。"小儿子听了，红着脸把扔了的那一大截红薯从地上拾了起来。

他在国外工作了 8 年，从来没有买过什么贵重的物品。有一次，孩子要他从国外买手表，他指着自己手上戴的上海表，语重心长地说："你们不知道，在国外，我为能戴上一块国产手表有多么自豪，我经常把它出示给外国朋友看。你们不要看不起我们自己国家的东西。再说，当前国家外汇紧张，要把外汇用到国家最需要的地方去。"

在许建国的教育和影响下，他的孩子都衣食俭朴，对自己要求严格，成为国家有用的人才。

66. 郭沫若"负荆请罪"

郭沫若（1892—1978），四川乐山人，中国现代杰出的作家、诗人、历史学家、剧作家、考古学家、古文字学家、著名的社会活动家。著有诗集《女神》，历史剧《屈原》、《虎符》、《棠棣之花》等。郭沫若学识渊博，才华横溢。他是继鲁迅之后中国文化战线的一面光辉旗帜。

作为著名社会活动家的郭沫若，同鲁迅一样，始终站在新文化运动的最前列。学生时期就因闹学潮被开除。为此引出一段负荆请罪的故事。

1939 年 3 月初，郭沫若乘坐飞机由重庆回故乡东山沙湾探亲。在县城，他打听到中学时期的老师帅平均还健在时，当晚便叫堂侄陪他前去探望。正当帅老师对郭沫若的来访感到惊愕时，郭沫若

"扑通"一声跪倒在地，向老师请罪。

郭沫若的负荆请罪是有缘由的。帅平均老师留日归国后，曾担任过郭沫若的国文教员兼授东洋操。后来，郭沫若因参加学潮被开除离校。帅老师是力主开除郭沫若的关键人物。因此，郭沫若对帅老师极为不满。他在《我的幼年》里，讥讽帅老师是一个只懂东洋操的冒牌留学生。这可惹恼了帅老师。从此，只要谁提到郭沫若这个大文豪，他便大动肝火，骂他是"叛逆"。郭沫若的大哥郭开文，为此写信批评他不该以文毁人，何况又是师长呢。郭沫若认识到自己言辞偏颇，便在再版的《革命春秋》中删去了讥讽老师的那段文字。他决定，此次回故乡，先向帅老师"负荆请罪"。

学生跪地请罪，感动得帅老师涕泪俱下。于是，师生重归于好，畅谈了别后之情。

战国时期，曾经有个廉颇负荆请罪的故事，在中国近代，又出现了郭沫若"负荆请罪"的佳话。廉颇、郭沫若严于律己，宽以待人的精神都值得我们学习。

67. 胡适宽以待人

胡适（1891—1962），原名胡洪骍，字适之，安徽绩溪人，现代著名学者、诗人，曾任北京大学校长。

胡适的许多优秀品格，鲜为人知。他在同鲁迅交往中所显示出的宽宏大度，即是一例。

20 年代初，胡适与鲁迅同是新文化运动的主将。他们共同倡导白话文，共同倡导新文学，成为新文化的奠基人。

胡适发表《文学改良刍议》，为新文学理论鸣锣开道；鲁迅发表《狂人日记》，为新文学创作举旗示范。在中国古典小说研究方面，他们也互相借鉴和研讨，互相支持和鼓励。鲁迅出版了《中国小说史略》，胡适出版了《中国章回小说考证》。鲁迅赞扬了胡适的《中国章回小说考证》，胡适也赞扬鲁迅的《中国小说史略》是"开山的创作"。

他们之间也有过"冲突"。

20 年代，"北京女子师大事件"爆发后，现代评论派陈西滢支持官方，站在了革命学生的对立面，鲁迅给予有力地回击。胡适是现代评论派的首领，鲁迅在抨击陈西滢时，也捎带讥讽了胡适。胡适未对鲁迅反诘，更没加入论战。

1931 年，胡适拜见了蒋介石，又与进步的中国民权保障同盟发生了分歧。鲁迅在《王道诗话》、《出卖灵魂的秘诀》中，对胡适进行了辛辣的讽刺，胡适也没有公开答辩或反击。

1936 年，鲁迅逝世，胡适参加了鲁迅纪念委员会，还为《鲁迅全集》的出版奔走。鲁迅夫人许广平大为感动。

胡适的学生苏雪林，受陈西滢思想影响，在鲁迅尸骨未寒时，要"向鲁迅开战"。胡适给苏雪林写信，劝他停止对鲁迅的攻击，让苏雪林劝陈西滢洗刷泼在鲁迅身上的污秽。

1962 年，胡适逝世。在他数百万字的著作中，没有发现一句责难鲁迅的话。

作为新文化运动主将的胡适，这种宽宏大度的品格，的确是难能可贵的。

68. 马寅初敢说真话

马寅初，中国著名的人口论专家，经济学家。他一生不仅在学术研究方面有所建树，而且素以敢说真话而备受人们尊敬。

抗日战争时期，马寅初在重庆大学商学院任教时，由于他敢于揭露国民党政府的腐败现象，曾被蒋介石在歌乐山软禁过。但这并没有使马寅初屈服，相反更加坚定了他的革命立场。

马寅初说："我这个人呀，叫我不讲真话不行。我有一句座右铭：讲别人讲过的话是容易的，讲别人想要讲的话是比较容易的，但是，想要讲别人不敢讲的话，就不容易了。我就是要讲别人想讲而又不敢讲的话。"他是这样说的，也是这样做的。

有一次，学院请马寅初为全院师生员工作报告。报告的前一天，院长改变了主意，不想如期进行了。原来是校长听到了国民党政府要派特务进行捣乱的消息，担心马寅初教授生命有危险。

当马寅初听到这些情况之后，十分平静地对院长说："我早就把生死置之度外，要说真话，总是要得罪人的。讲假话，讲大话，不仅没有生命危险，还会博得国民党政府的青睐，甚至可以升官发财。院长，请您放心，我会对付的。"

报告会如期进行，整个商学院大礼堂座无虚席，连附近大学的师生也来了很多人。国民党特务也趁机混了进来，情况十分危险。

马寅初教授走上主席台，场上爆发出雷鸣般的掌声。但是人们也开始疑惑不解，因为马寅初教授还带来了女儿，还有四个大汉抬着一口木制棺材。

这时，马寅初走到台前，镇定自若地说："今天，我来作报告，大家有些疑问，我为什么要带女儿来，而且抬来一口棺材。我想，今天的报告，我为了真理不能不讲呀，我带来了棺材，是准备吃特务分子的子弹的；我带来了女儿，是让他亲眼看着特务分子是怎样卑鄙地向他的父亲开黑枪的，好让她继承我的遗志，为了真理，要敢于说真话。"然后，他把话锋一转，开始了慷慨激昂的演讲。他摆了国民党政府的种种腐败现象，四大家族如何垄断了中国的经济，

167

老百姓吃不饱，穿不暖，还得交政府规定的这个捐，那个税，他大声疾呼：作为一个中国人，不能再忍下去了……

他的话，像一把火点燃了人们的情绪，欢呼声、掌声响成一片。混进人群的特务分子，看到形势对他们不妙，一个个偷偷地溜走了。

报告后，据说蒋介石写信给马寅初教授，叫他别在大庭广众中作报告了，如果他要"高官"，政府给他官做。马寅初教授看后，把信烧了，说："我要真理，我要讲真话！"

马寅初为了坚持真理，不怕牺牲，敢讲真话，在战争年代，是何等的可贵。充分表现了一位中华民族优秀分子光明磊落的胸怀、高尚的道德情操和坚定的革命立场。

69. 齐白石以画换白菜

齐白石是中国著名的国画家。他一生不仅作画一丝不苟，而且品德十分高尚。他虽说是一位蜚声国内外画坛的一代国画大师。但在日常生活中，无论与名人还是普普通通的平民百姓交往，都始终遵循诚实守信的道德准则。这里要讲的是齐白石老人与一位卖白菜小伙子的故事。

一天早晨，齐老提着篮子上街买菜。走到市场上，看到一个年轻小伙子卖的白菜又大又鲜，水灵灵的，挺逗人喜爱。旁边围着一些买菜的人，齐老也挤进去，拣了一棵大白菜，说："小伙子，白菜一斤多少钱？"

小伙子正要回答，一抬头看见在他面前的是一个精神矍铄，长着白胡子、高个子的老人，顿时眼睛一亮，这不是著名画家齐白石老人吗！他是自己敬慕的老师呀！原来，小伙子是个高中生，喜欢画画，尤其喜欢画国画，他最喜欢齐白石老人的国画了。于是脑子一转，想

168

出一个主意，提出要用画换白菜，用钱买不卖。

齐老明白这小伙子是认出自己来了，为了不使小伙子失望，齐老欣然答应了他的请求，并说快拿纸笔来。小伙子一看齐老这样平易近人，讲究信用，不摆个人架子，就高兴地跑到附近酒店借来了笔墨、桌子，请齐老给画一棵白菜就行，还说用他的一车菜换这张画。

小伙子把纸铺开，认认真真地磨墨。齐老拿起笔，觉得质量差些，用这支笔作画只能勉强对付着用。为了不失信于人，齐老就用这支笔在纸上一勾一撇，不到一分钟功夫，一棵白菜就画好了。小伙子也果断地将一车菜送给了齐老。齐老笑着说："这么多的菜，我怎么拿得动呢？"

小伙子想，可也是啊，怎么办呢？"哎，这样吧，你老在画上再添上一只大蚱蜢，我连车都送给您。"齐老拿起笔，又在画上添了一只大蚱蜢。

小伙子望着画，收拾了一下，拉起车就要往齐老家送菜。齐老拦住他，从车上拿了一棵白菜放在篮子里，说："小伙子，这白菜一棵换一棵，其他的你还是留着卖钱吧！"

小伙子说什么也不同意，两个人争执不下。忽然，小伙子放下车，对周围买菜的人说："请大家帮帮忙，今天老人家请客。"说着，抱起白菜便向别人篮子里放。不一会，一车白菜所剩无几了，小伙子笑着对齐老说："老人家，白菜不多了，咱们走吧！"齐白石望着小伙子忠诚厚实的面容，只好带着他向自家走去。

这一老一少，一个守信，一个诚实，以后竟成了好朋友了。

70. 雷锋——言行一致的典范

雷锋幼年，家遭不幸，父亲、哥哥、母亲和小弟，因受国民党逃兵、资本家、恶霸地主的残害，相继去世，六岁成为孤儿，他在乡亲和党的关怀下长大。自幼便养成爱憎分明的深厚情感，和言行一致的宝贵品质。凡是党和人民需要的事，他都勇于去做；凡是他立下的誓言，他都一一兑现。他经常对人说：

"我要做一颗永不生锈的螺丝钉，党把我拧到哪里，我就在哪里闪闪发光。"他这样说了，也这样做了，干一行爱一行，行行都干得出色。

1958 年，他怀着做一名炼钢工的强烈愿望来到鞍钢，不料领导却分配他到化工总厂洗煤车间，当推土机手。当下，他对主任说："我一心一意到鞍钢，就是要当一名炼钢工，亲手为国家多炼钢，为啥叫我开推土机？"

主任亲切地说："小伙子，你想过没有，不把煤炼成焦，就炼不出铁，没有铁就炼不出钢，鞍钢是国家大工业基地，它的生产就像一部机器，每个厂，每个车间，每个工种都是这部机器的零件和螺钉，谁也离不了谁。你当推土机手，也是为了多炼钢呀！"又说："你开过拖拉机，组织上分配你当推土机手，这也是为了多炼钢呀！"

一席话把雷锋说明白了。当即他回答说："只要工作需要，我就一定把它干好。"

经研究，他跟王师傅学习开推土机。他当工人后，工资比原来少10 元。主任问他有什么意见，他说："我不是为工资来的！"又对王师傅说："师傅，我一定好好跟您学。"

从此，雷锋每天总是第一个到厂，总是把推土机擦得很干净，总是把工具摆得整整齐齐，总是细心地观察师傅的操作，研究推土机的构造，遇到故障，他又总是拉住师傅，跳下车，说："师傅，让我来修。"后来王师傅逢人便夸他说："雷锋是我徒弟中学得最好的一个。"

这年八月，公司决定在辽阳市长岭建一座焦化厂，地处荒僻的大

170

山脚下，没有宿舍、没有食堂，交通不便。雷锋第一个报名参加，对领导说："请领导放心，我是一名共青团员，一定带领伙伴把焦化厂建好。"

在数九寒天，他发明了草和泥法，垒起了食堂，挖了沟，清了道路，终于胜利完成任务，受到领导表扬。在鞍钢他工作了三年，三次被评为先进工作者，18 次评为标兵，五次评为红旗手，获得社会主义建设积极分子称号。

1960 年春天，雷锋怀着手握钢枪、保卫祖国、保卫人民幸福生活的夙愿参军入伍。在穿上军装的那天，他在日记中写道：

"我一定要做一个毛泽东时代的好战士。"

平时，他最喜欢记日记。在日记中立下誓言："人的生命是有限的，可是为人民服务是无限的，我要把有限的生命投入到无限地为人民服务之中去。"

这年秋季，他看到抚顺望花区成立人民公社，他想，"我应该为国家做点什么呢？"于是他把平时节俭的 200 元钱，从储蓄所取出来，献给望花人民公社，对公社领导说："这是我对望花区人民的一点心意，请收下吧！"

接待的同志说什么也不收，他满含热泪说："是党和人民给了我这一切，就让它为人民事业发挥一点作用吧！"公社同志只好收下 100 元。

不久，辽阳地区遭受特大水灾，他想起曾和他共同生活，共同工作的伙伴，想起了白手起家的焦化厂，想起了培养教育他的党组织和工人师傅……我应该做点什么呢？他想起了自己还有 100 元钱。第二天，他冒雨跑到邮局，把钱寄给了灾区人民。

雷锋经常把自己的誓言，写在日记本里，作为自己行动的座右铭。一次，他在日记中写道：

"我要牢记这样的话：永远愉快地多给别人，少从别人那里拿取。这种共产主义精神我要在一切实际行动中贯彻。"

雷锋班的同志一有闲暇，就在宿舍窗前的小书架里，找喜爱的书看。这个小书架也是雷锋亲手钉制的，他又经常买书放在里边，每天都吸引战友们前来看书。可是，有几天书架前却不见小周的身影，他发现小周经常闷闷不乐地坐在床边想事。

这天星期六上午，小周奉命出车，雷锋收拾小周的脏衣服准备去洗，一封信从衣袋里掉出来，他打开一看，原来是小周的家信。信里说，小周的父亲有病了，希望小周给家里寄点钱，给父亲买药。雷锋看完信之后，代小周写了家信，并寄去了 10 元钱。

过了几天，小周正要到邮局寄信寄钱，却收到家里来信，说钱收到了，父亲病也有好转。正当小周莫名其妙时，小乔悄悄告诉了他。

"又是雷锋。"小周万分激动地说。

当小周向雷锋表示谢意时，雷锋却说："这点小事，瞧你大惊小怪的。"接着说："我告诉你一个好消息！"

"什么好消息！"小周不解地问。雷锋告诉他："《林海雪原》买到了。"

"真的！"小周三步并两步来到书架前，拿起《林海雪原》看起来。雷锋就是这样，他又一次把愉快献给了别人。

雷锋在部队里不到三年，可做的好事说不完。不管是在营房，还是在出差的列车上，或在工矿、学校、街道，都留下了他的足迹。他做好事是那样的顺乎自然，得心应手，不是别的，就是他能言行一致，既是"口的巨人"，也是"脚的巨人"。

1962 年 8 月 25 日，雷锋执行任务时，不幸牺牲。他虽然离战友、离人民而去，可他那为人民服务的精神，言行一致的宝贵品格却常留人间。1963 年 3 月 5 日老一辈国家领导人为他题了词：

毛泽东同志的题词是："向雷锋同志学习。"

周恩来同志的题词是："向雷锋学习，憎爱分明的阶级立场，言行一致的革命精神，公而忘私的共产主义风格，奋不顾身的无产阶级斗志。"

71. 田家英忠诚守信

田家英同志，于 1948 年为毛主席当秘书，历时 18 年。他多年来在领袖身边，为国家和人民的利益忘我工作，竭心尽力，诚实守信，表现出了一个真正共产党员的高风亮节。

"苟利国家生死以，岂因祸福避趋之。"这是林则徐晚年在病中奉诏南征时留下的悲壮诗句，也是田家英同志的座右铭，更是他一生无私奉献，默默耕耘的写照。

田家英同志的一个特点是默默奉献，甘做无名英雄。作为毛主席的秘书，工作的繁重是常人难以想象的。多年来凡是毛主席需要他做的，事无巨细，他都尽力而为，兢兢业业。从起草文件，下乡调查，受命某项工作，处理信访直至"掌玺"，保管存折。这些琐碎、幕后的工作不知耗费了田家英同志的多少心血。1956 年 9 月，中国共产党第八次全国代表大会在京召开，毛主席从衣袋里掏出开幕词，抑扬顿挫地念了起来。开幕词不过两千多字，据记录曾被 34 次热烈掌声所打断，"虚心使人进步，骄傲使人落后，我们应当永远记住这个真理"算开幕词中的精彩段落，曾被作为"毛泽东格言"反复引用。当代表们赞许这篇开幕词时，毛主席却坦诚地说道："这不是我写的，是一个少壮派叫田家英。"

田家英同志的另一个特点是正直坦白，真诚地忠于国家，忠于人民。全国解放伊始，群众出于对领袖的无限信赖，给毛主席的来信雪片般飞来。田家英对每封来信，都仔细收看，并择要送呈毛主席。田家英在毛主席身边，不知替他处理了多少封人民来信。他认为这是党和人民之间重要的联系渠道。毛主席对他的工作十分满意。后来田家英一人已无法处理每日成百上千封人民来信。田家英为此写了专门报告，建议各级领导机关应指定专人或成立专门机构认真处理人民来信。报告得到了毛主席的赞许，经毛主席的批示后，全国各地都逐步建立了信访机构，其间凝聚了田家英同志忠于人民的一片真情。

田家英忠于祖国，忠于人民，还表现在他表里如一，绝不趋炎附势，见风使舵。1959 年庐山会议期间。田家英同志对当时的"左倾错误"是有看法的。当彭德怀受到毛主席的激烈批判以后，田家英同志没有"见机而作"。他写了一副对联："四面江山来眼底，万家忧乐到心头。"表达了他忧国忧民的赤子之心。庐山会议期间，他还表示过，他如果离开中南海时准备向主席提三条意见：一是能治天下，不能治左右；二是不要百年之后有人来议论；三是听不得批评，别人很难进言。这些切中时弊的意见险些使田家英陷于灭顶之灾，只是由于刘少奇同志的保护，才使其幸免于难。

田家英同志的再一个特点是忠于真理，刚烈不阿，虽死不渝。文革初期，在一次整理毛主席谈话纪要时，田家英同志基于对国家利益的关切，也出于对姚文元、戚本禹文章评论的一段话，终于被对田家英早已不满的江青、陈伯达抓住了"大把柄"，江青给田家英安了一个在当时足以置人于死地的"罪名"，"篡改毛主席著作"！田家英随即被宣布停职反省，并被勒令搬出中南海。胸无城府的田家英，不会掩饰，不会屈膝，也不会忍耐，他悲愤之下以死相抗，在中南海他的住处"喜福堂"自缢而死，年仅 44 岁。英年早逝，正值生命之花茂盛之时，死时留下遗言："相信党会把问题搞清楚，相信不会冤沉海底。"并把心爱的手表从腕上取下，留给妻子。继邓拓之后，田家英是文化大革命的第二个屈死者。

历史是公正的，*1980* 年，即田家英含冤离世的 *14* 年，中共中央在八宝山公墓礼堂隆重举行田家英同志的追悼会。悼词热情称颂了田家英的品格和业绩：

几十年的实际行动证明，田家英同志确实是一个诚实的人，正派的人，有革命骨气的人。他言行一致，表里如一。他很少随声附和，很少讲违心话……

72. 竺可桢勇于坚持真理

竺可桢（*1890—1974*）浙江绍兴人，著名的气象、地理学家。中国现代气象事业创始人。曾任中国科学院副院长、中国气象学会名誉理事长、中国地理学会理事长等职。

竺可桢一生所走过的道路，是一条求实的道路。说老实话，办老实事，坚持实事求是，这是他科研工作的原则，也是他做人的原则。他的一生始终信守这一准则。

在 *50* 年代，毛泽东提出"人定胜天"的观点，几乎成为中国全民信奉的信条。竺可桢对毛泽东是非常敬佩的。但他坚持在真理面前，敢说真话，从不盲目崇拜。竺可桢以他深厚的科学素养感觉到，不宜笼统地宣传"人定胜天"的观点，如果不尊重大自然的规律，一味蛮干，那么人不仅不能胜天，反而要破坏生态平衡，要受到大自然的惩罚。当时，有不少地方不讲科学，用土枪土炮轰击云层，以达到人工消除冰雹的目的。竺可桢经过深入调查，看出这种做法耗资甚大而收效较小，因而提出异议。他坚持认为必须对雹云形成机制进行深入研究，他指出不进行深入研究仅仅动员群众以土法消雹的做法，纯属劳民伤财之举。在当时的历史背景下，敢于对此提

175

出批评意见，力排众议，不怕冒着给群众运动泼冷水的罪名，这种诚实的科学态度是难能可贵的。

1962 年，竺可桢和著名人口学家马寅初等人，力主中国人口问题要有一个计划，不能盲目发展，提出管制生育已是当务之急。但是这个建议，却遭到以马寅初为代表的大悲剧。当年，竺可桢对一些地区，大批开垦荒地荒山，不顾水土大量流失的做法，也提出过批评建议。

竺可桢是国内外最负盛名的科学家之一，在我国科技界和其他方面担任着许多重要领导职务，但他从不盛气凌人，不以权威自居。他平易近人，诚实可信，虚怀若谷，不耻下问，勇于并乐于改正过失。在学术讨论和日常工作中，他对别人提出的不同意见，总是虚心听取，认真正确对待。有时还在报刊上发表文章，公开表示接受他人批评。

竺可桢虽然离开了我们，但他勇于坚持真理的科研精神、为人处事诚实守信的品格，永远长存在人们心中。

73. 傅震实践诺言

傅震是 1989 年学成回国的优秀留学生。他自从选择了医生职业，就暗暗立下了要以自己的医术为病人解除痛苦的诺言。

他 1968 年毕业于苏州医学院，1978 年作为"文革"后第一批研究生，到南京医学院学习脑外科专业。毕业后，在南京医学院第一附属医院、江苏省人民医院脑外科工作。

1988 年，傅震通过严格考试，以优异成绩被国家教委录取后派往德国杜塞尔多夫大学医学院进修深造。杜塞尔多夫背靠原始森林，莱茵河绕城而过，风景优美，气候宜人。可傅震无暇游览这异国的美丽山水和旖旎风光。每到周末，人们都是游玩娱乐，只有他一人在灯下苦读。

1988 年 *4* 月上旬的一天，在学院附属医院脑外科，西德神经科协会主席、世界著名的神经外科专家博克教授，指着一个患"转移性脑肿瘤"病人的脑袋。问中国进修医生傅震："肿瘤位置在哪？请你标出手术区。"傅震根据 CT 片和临床经验，胸有成竹地回答："右额部前方，离脑表面三厘米。"同时并在患者头部标出了手术区。转移性脑肿瘤只有指甲般大小，要确定具体位置和深度是很困难的。"不，在右额后方！"博克以不容置疑的权威口气加以否定。"右额前方！""不对，肯定在后方！"互不相让的大声争执吸引了许多医生、护士。一个刚来一个多月的中国进修生，竟敢和德国脑外科权威争辩，而且那么自信，人们要看看，究竟谁的判断正确。博克教授叫护士长取来"扇形超声波"。几次来回扫描，清楚地显示出傅震标出的位置十分准确。博克满意地笑了，医生、护士们流露出惊讶、钦佩的神色。实际上，这是博克有意考一考傅震。手术一结束，博克教授立即向德国卫生部和州政府报告。为傅震申请"行医执照书"。这在德国是颇不容易的事。一个月后，他又被德国医学会接纳为正式会员。

次年初，博克教授主动对傅震说："傅，你的签证二月份就到期了。留下来吧，每个月奖学金五千马克。"博克打心眼里喜欢这个中国进修生。教授的助手也多次试探地询问傅震，是否打算将妻子接到西德来。傅震谦虚刻苦、又不迷信盲从的诚实可信的品格，给博克和其他医生、护士留下了深刻印象。

博克教授劝他留下后的几天，他便收到西德医学会寄来的信件和表格，提醒他签证即将到期，只要在表格上签上自己的姓名，即可办理延期手续。紧接着，杜塞尔多夫大学人事部又给他一张延长签证的通知。博克教授和其他朋友再三提醒他，千万别错过机会。其实傅震何尝不知道，留下来工作条件、生活待遇要比国内优厚得多，只要延长一年，自己行医，就可挣十多万元。何况这又是政策允许的。可他还是拿定主意，将按期回国的打算如实告诉了博克教授。博克非常吃惊，没想到他这么快就决定了去向。爱才的博克感到惋惜，但更多的是对他的敬重。到傅震回国这天，博克教授开车将傅震一直送到三百多公里外的法兰克福机场。

傅震回国不久，国内发生了严重的政治风波。7 月初，博克来信说：1994 年 5 月将在西德召开世界神经外科会议，他可利用这个机会再去德国。可是他清楚地知道，国外每一万人就有一名脑外科医生，而十一亿人口的中国，仅有四千名左右。当初自己毅然按时回国，就是为了履行自己的诺言，报效祖国，怎能在她遇到困难的时候远走高飞呢？

从德国进修回来，他如虎添翼，把许多脑患者从死亡边缘挽救过来。归国后一年里，他做了五十多例脑动静脉畸形、颅内动脉瘤等难度大的手术，成功率为 100%。1990 年 3 月，晋升为副教授、副主任医师。1991 年 1 月，傅震在人民大会堂主席台前，从江泽民总书记手中接过了"全国有突出贡献的回国人员"奖状和证书。在傅震的心目中，他想到：重要的不是荣誉，而是奉献，而是实现了自己的诺言。

74. 王季思诚以任事、诚以待人

王季思是中山大学教授、研究生院副院长。1986 年被定为"国家级有突出贡献的中青年专家"。从他治学、待人和对己都体现出一个"诚"字，给我们做出了表率。王教授常说："当教师，不能不懂装懂，更不能文过饰非。坦诚地承认自己的不足，这表明你在进步，也可以让学生懂得应该诚以任事，诚以待人。"王季思教授不但这样说，也是这样做的。

早在五十年代，王季思教授就以《西厢记》作为研究中国古代戏曲的突破口。《西厢记》语言清丽，使人读来满口生香。如"萤窗雪案"、"书剑飘零"等辞句都充满诗意。可是，正是它那文采本色兼具的语言，夹杂着大量的典故和元代的方言俗语，阻碍着人们理解它每字每句的准确含义。于是王教授就参照先人的考据和训诂，以严谨的态度注释《西厢》。他注意掌握第一手资料，几乎阅遍了元人的散曲和杂剧，写了大量的札记和资料卡片，细心地与话本散曲及同时代杂剧的例句排勘比较，纠正了前人许多注家的臆断，给予了确切的解释。他在注释《西厢记》及《元曲选》等所做的各种各样的资料卡片共有三四箱。可见他治学是何等诚直严谨。当他经过长期不懈的探索，出版了《西厢五剧注》时，引起了学术界强烈的反映，曾有人写诗嘲笑他"不爱六经爱五剧"。其实这正表明王教授独具慧眼，认识到元代散曲杂剧这些优秀文化遗产的宝贵价值。

五十年代末，王教授的注意力转向明清戏曲，他选择的突破口，则是《琵琶记》与《桃花扇》。他对《桃花扇》作了认真的校勘和注释之后，又写了"校注前言"，他在这篇论文中，从历史剧创作的发展全局来考察《桃花扇》的价值，其意义远远超过了一般的分析，具体地体现出他的一贯主张：搞研究，切忌空疏抽象，游谈无根。而应从具体问题入手，通过微观剖析，再进入宏观掌握。所以他无论研究王实甫还是孔尚任，都是以此为基点，脚踏实地，扩展到戏曲发展的全局做透彻的了解。

王教授今年87岁了，1990年已经退休。但他退休以后，依然坚持研究。清晨起来，就坐在书桌前，一个字一个字地认真审阅批改校稿。老年人嘴角容易流涎，他怕弄脏书稿，就带上口罩伏案写着、

179

读着，耕耘不辍。

王季思教授对待学生始终是诚恳无私的。即使他现在已是白发苍苍的龙钟老者，他诚以待人的心更是"老而弥坚"。他对后辈送来的论文、论著逐字批阅，圈圈点点，连标点也不放过。他常说："学术乃天下之公器。"他所藏的资料，随便让门生们翻检、借阅。他对学生的关心、教育，可以说是终身的。陆定一同志的夫人严慰冰，1934 年曾在江苏松江女子中学读书。当时王教授曾给她上国文课和历史课。后来严慰冰在题为《五十年如一日》的回忆文章中写道："他批改作业很认真，好句子打双圈，错别字加上框框。""我 1982 年离休后，偶尔为报刊写些短文，老师看到后，他还像 50 年前一样，仔细为我批改。刊物字小，排得又密，老师因患白内障视力太差，特用另纸抄过，将刊物与改件用挂号信寄给我。"这种诲人不倦的诚挚精神令人感动。

1979 年春节，王教授到学生宿舍去探望学生。当他了解到同学们对一位任课老师的教学颇有意见时，就默记在心里。使同学们料想不到，他这位系主任在新学期开始上该科第一节前，他竟先颤巍巍地走进教室，诚恳地对同学们开导说："大家对任课老师的意见我是知道的。不过，你们也许不知道，任课老师遭遇坎坷，他 20 年没有教课。今天，他能走上讲台，这已经很不容易了！"当这位任课老师铃响后来到教室，看到同学们十分安静，又看到作为前辈的王教授准备听他讲课时，不禁一怔。在讲课中，王教授几次走上讲台，亲手替他擦黑板。开始他有点手足失措，但很快就明白过来了。下课时，同学们一齐起立向任课老师致意，他却对着王教授深深地鞠了一躬，然后搀扶着老人家，一起离开了课堂。同学们当时被这情景感动得眼睛湿润。从此，大家对这门功课听得特别用心，任课老师也越来越受到同学们的欢迎。过了许多年，同学们还常常谈到那幕动人的情景，同学们从王教授身上看到了他那"以诚待人"的美德。

1981 年，《中国当代社会科学家》一书，登载了王季思教授的一篇自传。文章末尾，他加上了一段"附记"，说明传文是助手整理的，评价很不全面，因而他着重补写了自己的不足之处："传文对我过去走过的弯路，如在学术上贪多务博，主次不分；在历次运动中的随风俯仰，缺乏主见等，没有指出。尤其是我到大学教学后，安于书房生活，脱离广大群众，反映现实的诗歌与散文越来越少写。这是应该作为切身的教训来向读者说明的。"

可见王季思教授对己又是何等的正直坦诚啊！有的人极力粉饰、美化自己，而他勇于向读者自我解剖，作为一位享有盛誉的前辈学者却是难能可贵的。

75. 吴吉昌身遭厄运不忘重托

吴吉昌是山西闻喜县涑（sù）阳农村的一位普普通通农民，也是远近有名的植棉行家。因为他在植棉技术上，摸索创造出"冷床育苗"、"芽苗移栽"等近十项科研成果，当选为全国劳动模范，被誉为农民科学家。

吴吉昌平时最喜欢研究棉花，每到棉花生长季节，他便日夜守在棉田里，观察研究，就连吃饭也端着碗蹲在地头上，乡亲们都说他成了"棉花迷"了。在科学上，他就有这么一种顽强精神。但在吴吉昌身上更为宝贵的是具有诚实守信的为人品格。即使身遭厄运，也不忘党和人民的重托，说到做到，信守诺言。

六十年代初，我们国家粮食和棉花生产水平，还比较低，粮食亩产不过千斤，棉花亩产一般也不超百斤。当时，毛主席指示要实现粮棉并举，要解决棉花脱蕾落桃的问题。在 1966 年 1 月全国棉花生产会议座谈时，敬爱的周恩来总理，郑重地把解决棉花落桃的任务交给了吴吉昌，并亲切地对他说："你57，我67，再过20年时间，把毛主席交给的任务完成，行不行？"吴吉昌满怀激动的回答周总理说："行！"从此，他下定决心，一定要完成周总理的嘱托。

吴吉昌回到家乡，立即组织本村群众进行棉花种植的各种对比试验。可是，不久，"文化大革命"开始了。他一下子被少数别有用心的人打成"黑劳模"。一次接一次地批斗他，一直批了他近百次，但他始终不屈服地回答："我研究棉花，一不图名，二不图利，我是完成周总理给我的任务！"他大队长的职务被撤了，他下地研究棉花的权利被剥夺了，他的手残废了，腿被打伤了，双腿跪在地上扫村路。可他还是惦记着试验的事。一天，他在扫地时发现丢在地上的几颗棉籽，就高兴地揣在怀里，拿回家，在自家院里搞试验。长期的折磨，他终于病倒了，生命处于垂危。昏迷中醒来，睁开眼睛就断断续续地说："我不怕，可我不能死，……我还没有完成总理给我的任务……"在全村好心人的保护下，在邻村老医生医治下，吴吉昌的病有了好转。他说："我不能死，我要活着跟大鬼小鬼斗，坚决完成总理交给的任务！"

1970年春天，吴吉昌拄着拐棍在村头出现，那些要打倒他的人强令他带着干粮到村外割草。他借这个机会，为邻村传授植棉技术，进行科学试验，经他指导的20亩棉田，亩产皮棉达146斤。他却遭到了新的批判，永远不准他再进棉田。他对老伴说："相信总有一日，会见青天。我能先向总理诉苦吗？我能空手见总理吗？不行，啥也别想挡住我！"自那以后，只要那些迫害他的人一不注意，他就往棉地里跑。

林彪反革命集团垮台那年，吴吉昌被平反了。一恢复工作，他就在苗旁搭起一个简陋的窝棚，搞棉花"早育多栽"的试验。那年

他已经是 *64* 岁高龄的老人了。老伴心痛地对他说："你不要老命了？"他回答说："我宁愿死在地里，也不能呆在家里。"这次试验，平均亩产达到 *186* 斤，而他又在暗暗搞双秆棉试验，获得初步成功。不料，*1974* 年他又被戴上了"唯生产力论"的帽子。省科委发给他的科研经费、试验用的化肥、抽水机都被半路劫走了。这时有人劝他说："算了，这么大年纪了，可别斗了，弄那个棉花干啥？"他说："那可不行，棉花就是我的命，啥也别想挡住我！"这年夏天天旱，棉叶蔫了，身患残疾的吴吉昌就跟小姑娘一起抬水救苗。后来，在周总理的关心询问下，吴吉昌继续保持顽强精神，到 *1977* 年，他获得了彻底解放，在"一株双秆"基础上，他又培育出一种"多秆两层"新株棉花。这种新品种比单株棉增加将近一半棉桃。中国农科院组织 *13* 个省的近百名科学家和植棉能手到涑阳参观，向他祝贺。他在纪念周恩来总理诞辰 *80* 周年时说："现在离周总理交给我完成任务的时间还有八年，我决心提前五年，攻下脱铃关，实现毛主席和周总理的遗愿。"

吴吉昌为了完成党和人民交给的科研任务，时时不忘周总理的嘱托，在迫害面前，从不屈服，跌倒了再爬起来，坚持忠诚守信的高贵品格，受到党和人民的高度赞扬。他的模范事迹在《人民日报》上发表了。赞扬他的文章被选进中学语文课本，题名叫做：《为了周总理的嘱托》。

76. 傅显忠对人民忠诚

傅显忠是河北省玉田县三里屯村的一位基层干部。*1945* 年参加革命，*1946* 年入党，*1990* 年 *5* 月 *26* 日病死。

傅显忠不居功、不自傲，凭着对党对人民的忠诚，实践了自己

一生做个真正的共产党员的诺言。

为了宣传群众、组织群众，50 年代，他拿着纸糊的喇叭；60 年代，他拿着铁皮喇叭；70 年代，他开始对着麦克风，认真宣传党的方针政策，宣传社会主义。他常说：

"只要有一口气，就要搞宣传。"每天早晨 6 点，他就播天气预报，转播中央人民广播电台的新闻，接着就是表扬村里的好人好事，批评歪风邪气。在他管的广播和黑板报里有党的建设，有经济建设，有移风易俗，有群众生活。麦收时他讲防火，入冬他讲防煤气中毒，冬闲时他提醒村民不要赌博，逢红白喜事他让大伙抵制旧风俗。

1987 年，傅显忠的健康大不如前了。他拄着拐棍，拖着残腿，一步挪三寸，可他还是一站一挪地去写黑板报。每写几分钟，站在凳子上，腿酸疼得站不住，只好下来歇歇。这一上一下，不知要摔多少次。1988 年"三八"前夕，他出庆祝妇女节的黑板报，又从凳子上摔下来。侄孙子心疼地劝他别干了，辞去这差事享几天清福。傅显忠说："傻小子，你知道啥，三爷是党的宣传员，只要有一口气，就要坚持宣传啊！"

1990 年 4 月，身患重感冒的傅显忠一天吃不下几口饭，可他还是坚持搞宣传，书写爱国卫生宣传月的标语。一字一字，手在颤抖，30 条标语 400 多字，他硬是抱病写了一白天又一个晚上。标语写完了，他也躺倒了，再也没有起来。一个月后，他就和终生热爱的宣传事业永别了。弥留之际，他把侄子、侄女叫到床前。

"三叔是党的人，一辈子没有给你们留下什么。我手头只有 5 元 7 角 4 分钱，要交最后一次党费。你们怨三叔不？"

大侄子傅永听到这儿，再也忍不住哭声，抽泣着说："三叔，快别说了，您老留下的比啥都宝贵，您让我们晚辈觉得光荣，走到哪儿都能挺着胸脯走路啊。"

傅显忠在人前人后常讲，做一个诚实而有觉悟人的道理，并说到做到，被人们称为"一个真正的共产党员"。

1969 年以前，他担任队里的会计，后来又转为保管。一会儿管钱，一会儿管物，可说是有实权的人。可老人家去世后，人们清点他的遗物时发现：他的全部财产是一床破被褥、几件旧衣裳、一床旧毛毡、一件旧羊皮袄、一尊老花镜、一副毛主席瓷像、两个纸箱、三个麻袋，麻袋里装的尽是他写的广播稿和村里的旧账本、旧报纸。

他住在村委会，来人去客都由他接待。修农机具的、演电影的、搞喷灌的，人来人往。每次招待客饭，他从不作陪。他爱吸烟，但从不吸招待客人的烟。他每天都把招待客人剩下的烟锁起来，下次再用。

前些年，队里实行工分制，大家给他定了每天 *8* 分。他知道后执意不肯，给自己定了最低分——*4* 分；后来实行干部补贴工资制，他每月只拿 *27* 元的最低标准。*1985* 年，县里奖给村里一笔奖金。分完后还剩 *11* 元，经大家讨论后同意给他。他知道自己"抗议"也无效，只好存下了。直到临终前，特意向后任会计交代说："这 *11* 元钱是集体的，不是我的，一定把它冲回到集体的账上去！"

人们在怀念这位老人时，心中无不怀着深深敬意。

77. 鲁冠球靠信誉起家

鲁冠球是杭州万向节总厂厂长，曾先后荣获"全国十佳农民企业家"、第二届"全国优秀企业家"称号，并荣获首届"中国经济改革人才金杯奖"。他所领导的杭州万向节总厂，由 *7* 人小厂起家，发展成为集农、工、贸于一体，年盈利 *1000* 万元的集团企业，*1990* 年被评为乡镇企业独占鳌头的国家一级企业。

有人问鲁冠球，你厂生产的"钱潮"牌万向节为啥那么畅销？

他不假思索地回答："靠质量、靠信誉！"

万向节是汽车的重要配件。鲁冠球工厂生产的"钱潮"牌万向节非常走俏，订货的用户蜂拥而至，全厂职工乐不可支。

一天，安徽芜湖寄来一封退货信，说有些万向节出现裂纹。鲁冠球心急如火，把办公桌拍得乒乓响。他气愤地对供销人员大叫："快把合格品送去，把那些次品换回来，快去，快去！"供销员走后，他左思右想，如坐针毡。

"次品芜湖有，湖北、四川、济南有没有呢？"他当机立断，马上派人，分赴各地用户，把那些不合格的产品统统背回来……

几天后，万向节次品运回来了，堆在仓库里像个小山包，他召集全厂职工，严肃地说："咱厂生产出这些次品不仅是对'钱潮'牌万向节信誉的损害，更是对国家，对人民的犯罪！我作为一厂之长，有不可推卸的责任。从今天起，我们立个规矩，对那些只能'将就'的产品，一律按废品处理……"说完，他下令把三万套万向节运往废品收购站。有些老工人对鲁冠球说："鲁厂长，这些产品再维修一下总好用吧。"也有人说："这值几十万元钱呢，我们几百年也赚不了那么多呀！"

鲁冠球理解乡镇企业农家人。他们清早起来挑一担白菜、萝卜进城去卖，为了多赚一二分钱，往往与城里人讨价还价，争个面红耳赤。他耐心开导工人们："我们现在是办企业，不是到集市上卖青萝卜。为了贪小便宜，在好菜里裹棵烂菜，用绳一捆，只要钱到手，哪管别人骂娘，反正第二天谁也不认识谁。眼下全国有*50*多家万向节厂在竞争，真要立住脚，靠得牢，是质量，信誉……"

由于鲁冠球对产品质量要求高、严，工厂的产量，利润一度下降了。不要说奖金没了，就是工人工资也有六个月没发。但是他们

186

树立了对国家的责任心和对用户讲信誉的思想。讲质量，讲信誉，"钱潮"牌万向节不仅享誉国内，而且走进了国际市场。

78. 喻杰甘当公仆

喻杰，1930 年参加中国工农红军第五军，并加入中国共产党，转战在湘赣鄂苏区。在举世闻名的长征中，他担任红二方面军六军团供应部长。全国解放后，历任西北军政委员会贸易部长兼农业银行行长、中央粮食部副部长、中央商业部部长、中央监委驻财政部监察组组长。

1969 年，年过古稀的喻杰，面临人生的又一次选择：继续留在财政部做些力所能及的工作，按常理并不过分；或者找个交通便利、山清水秀的疗养胜地安度晚年，也近情近理。

这两者，喻杰都没有考虑。他想到我国历代武将解甲归田，文官告老还乡的传统；想到共产党员的责任。他说："我们共产党人，本来就不是为了做官，而是人民的公仆。"他坚决要求回乡安家落户，在家乡做些力所能及的事情。1970 年元月，他得到周总理的批准，带着两个孩子和两个铺盖卷、两只旧箱子、一架旧缝纫机，回到了他的家乡——四川省平江县丽江村，开始了他晚年的生活旅程。

按规定，回乡后喻杰仍可享受种种优厚待遇，住楼房，坐小汽车，过比较舒适的生活。然而，他却选择了普通农民的生活，住进了家乡的百年老屋。

七年后，一场滂沱大雨，使他的土屋随时都有倒塌的危险，他才不得不决定盖新房。新房盖在何处？喻杰发现，横圳村是全丽江大队最穷的山村，那里沟壑纵横，山多田少，土地瘠薄。他不顾亲属的反对，毅然从丽江村这个"米筐"里，跳到横圳村这个"糠箩"中，自己出钱在坡上建起一幢普通的农舍。

喻杰回乡后，说的是家乡话，吃的是家乡饭，常和儿孙们下田、种菜、养猪、放牛、看场、割草……

1984年，上级给他配备了一辆上海牌小轿车，他把小轿车交给老干部局。他自费盖房，财政部补助他1500元，他分文不收。他是全国五届政协委员，全国政协分配给他一台彩电，他原封不动退回。

平江县的领导考虑到喻杰年高体弱，便在县城分给他一套五室一厅的住房，还准备安装空调。喻杰说："山里还有人吃不饱肚子，你们还安装什么空调！不住！"县里领导说："不住城里，就给你配一名保健医生吧？"他说："让医生给群众看病发挥的作用更大嘛，不要！"

对儿孙后代，他要求十分严格。喻杰告老还乡以后，他就对儿孙们说："你们不要盯着我手里的钱。共产党的儿孙不能什么都靠老子，娇生惯养，当寄生虫。"小儿子力光请爸爸买块手表，喻杰没有给钱，而是安排他到农场劳动，挣回100元，喻杰才把自己的手表给了力光，自己花了50元买了一块怀表。

喻杰的生活这般节俭，他的钱干什么用了呢？生产队缺耕牛无钱买，他送去1000元；修保管室，他给了600元；队里修机耕路，他给了200元为民工改善伙食；有个妇女难产需急救，他给了60元；一家农民遭了火灾，他送50元救急；当地维修中学校舍缺少经费，他捐献500元；家乡集资办电，他更是慷慨解囊，捐出14900元……

1989年2月4日，这位为革命和建设事业奋斗了四十多年，又在晚年时和家乡人民同甘共苦，励精图治18年，洒尽了最后一滴汗水的老干部，在自己亲手建起的农舍中与世长辞了。

如今的丽江，山上林木葱茏，油茶飘香；山下绿水悠悠，稻浪翻滚；村内外电线纵横，农副产品加工机械飞转。昔日贫苦的山民们，如今有了电视机、录音机、电风扇……乡亲们谈起这位劳苦功高的老红军、老部长回乡 18 年的作为，无不交口称赞："喻老是一位真正的共产党人，是实实在在的人民公仆。"国家主席李先念赞扬他："保持了革命精神和共产党人的高尚品德。为我们离休和将要离休的老同志做出了表率。"

79. 马祖光甘当人梯

马祖光是中国《光学科学与工程世界名人录》的著名科学家，哈尔滨工业大学教授。在激光领域里，马祖光以自己的智慧和勤奋，取得了令人瞩目的成就，在培养年轻科技工作者中，他谦恭礼让、甘为人梯而赢得了人们的尊敬。

"文化大革命"中，马祖光因受到极"左"路线的迫害而被关进了"牛棚"。1970 年，他刚从"牛棚"出来就着手创办学校的激光专业。那时，环境还十分艰难，他一面忍受着"造反派"的冷待，一面还承受着病体的折磨，把能归自己支配的时间全部投入到了图书馆。凭着精通的英、俄两国语言，埋头地翻阅文献，查抄资料。一天、一月、一年、两年，他不停地用笔摘抄，用透明纸描图，积累了厚厚的几十本资料。

"文化大革命"结束后，迎来了我国科学的春天。许多教师和研究生纷纷向他请教，有的还索要资料。马祖光感到心里非常高兴，每次都会毫不保留地拿出全部资料，供大家研究参考。大家对他这种和盘端出自己多年积累的资料，都非常感动。而马祖光却说："那是我的心血，但不是我的私人财富。在科学的道路上需要人梯精神。"

哈工大激光教研室研究的课题，大都是马祖光在原联邦德国工作的继续。室内的教师和研究生都是根据他提出的研究方向选定课题，并在他的定期检查、亲自指导下工作。四年中，他发表近 20 篇论文。按理说，这些论文都是以他为主取得的成果。但每篇论文署名时总是：别人把马祖光排在第一位，马祖光立即勾到最后一位，改过来，勾过去，反复多次。最后经马祖光把关发稿时，马祖光仍是排在最后。

《紫外激光激励纳＝聚物的 2：50—2：56 微米激光振荡》，是根据马祖光的理论首先发出激光，属于世界前沿的重大成果。马祖光决定让讲师刘国立到全国激光研究会上去宣读论文。刘国立到会后，接到后寄来的论文稿，才知道马祖光把原先定好的署名顺序改了，刘国立排在了第一位，马祖光仍然在最后。刘国立只得在会上更正。回到哈尔滨，刘国立埋怨马祖光说："您怎么不尊重大家的意见呢？"马祖光笑了笑，十分恳切地说："你们做了大量工作，成果应该是你们的。"

有人不解地问马祖光："你在国外把名看得那么重，在国内却看得这么轻，为什么呢？"

"在国外，我是要争，因为我争的是国名；在国内，我是要让，因为我让的是个人名。"

大家看到马祖光总是把自己积累的资料和研究的成果让给了别人，有人说他是"太软"，有点"傻"。马祖光却风趣地说："楚人失马，楚人得之，都在中国，还不能算失。"大家对马祖光坦荡的心胸以及甘当人梯的精神都十分敬佩。

第三章

学生完善人格教育的主题活动

1. "人格的魅力" 主题班会活动方案

活动背景

人格对一个人的成长与发展具有重要的作用和影响，多种调查研究都证明，成功者和失败者之间最大的差异不是智力上的差异，而是非智力方面的差异，其中人格因素起着重要的作用。具有健全的人格有助于人们适应急剧变化的社会并有效地为社会服务。时代的变革必然产生层出不穷的新观念、新事物，健全的人格是人们主动、积极地调节自我适应转变的根本保证。作为跨世纪的一代，为适应社会发展的急剧变化，必须具有健全的人格。为此，学校围绕培养学生的健全人格这一主题，开展活动。

活动目的

帮助学生明确人格与职业理想之间的关系；树立正确的理想观，人生前途观，纠正一些不正确的观点，积极努力学习，真正成为社会的有用之材。

活动准备

组织学生在活动前搜集、学习有关成功人士的生平故事，名人名言。布置教室，气氛应健康活泼。

活动过程

导入新课

一个学生如果仅仅是不尊重老师，不守公德，不敬父母，那就是品行的问题或人格的问题，构不成大的危害；但是，如果一个学生不仅如此，而且发展到聚众斗殴、敲诈同学、威胁以致伤害师生、甚至残害父母的程度，这就超越了人格的底线，构成违法甚至犯罪。

人格安全是最大的安全，人格危险是最大的危险；人格健康是最大的健康，人格病态是最严重的病态；人格成功是最大的成功，人格失败是最大的失败。假如一个人的人格是成功的，那么，即使他成不了大才，最起码也可以做一个平凡的人，也可以幸福地过平民的生活；假如一个人的人格是失败的，那么，即使他成了才，也会出问题，甚至会出大问题。一个人可以不做杰出的人物，可以不成大才，但是不可以不做人，做人是第一位的。许多父母只关心孩子的学习成绩，结果呢，不少聪明的孩子，不但学习成绩差，而且劣迹斑斑，有不能顺利完成义务教育或高中教育阶段学业的；也有不少智商与成绩超常的孩子考上大学或读博士之后，发生各种心理问题，与人难以相处，承受不了挫折，甚至发生自杀或杀人案。造成这种悲剧的主要原因是人格缺陷。意大利诗人但丁有句名言：一个知识不全的人可以用道德去弥补，而一个道德不全的人却难以用知识去弥补。能力不足，责任可补。人格不足，问题就大了。

学生思考并回答

何谓人格及人格魅力（可以用具体事例回答）。

教师举例补充

莫洛是美国纽约最著名的摩根银行的董事长兼总经理，他那总经理的宝座，使他年收入高达100万美元。他最初不过在一个小法庭做书记员而已，后来他的事业得以如此惊人的发展，究竟靠的是什么法宝做后盾呢？莫洛一生中最重大的一件事就是他博得了大财团摩根的青睐，从而一蹴而就，成为全国瞩目的商业巨子。据说摩根挑选莫洛担任这一要职，不仅是因为他在经济界享有盛誉，而且更多的是因为他的人格非常高尚的缘故。范登里普出任联邦纽约市银行行长之时，他挑选手下重要的行政助理，首先便是以人格高尚为挑选的重要标准。杰弗德便是一个从地位卑微的会计，步步高升，后来任美国电报电话公司总经理的例子。像摩根、范登里普、杰弗德等领袖人物，都非常看重"人格"，认为一个人的最大财产，便是"人格"。

学生宣读课前准备的有关人格名言。

教师补充名言

（1）我们爱我们的民族，这是我们自信心的泉源。——周恩来

（2）人民不仅有权爱国，而且爱国是个义务，是一种光荣。——徐特立

（3）常思奋不顾身，而殉国家之急。——司马迁

（4）国耻未雪，何由成名？——李白

（5）死去元知万事空，但悲不见九州同。王师北定中原日，家祭无忘告乃翁。——陆游

（6）各出所学，各尽所知，使国家富强不受外侮，足以自立于地球之上。——詹天佑

学生讨论

学生应追求怎样的健康人格。

活动反思

对健康人格模式的选择

当代青年理想的人格模式应该是：在爱国主义、集体主义、社会主义和中华民族传统美德的基础上构建起来的人格特征，包括独立的意识，鲜明的个性，高度的理性精神和科学态度，批判、继承、创新的意识；在心理活动上与多数人一致，有健康向上的情趣，全身心地投入学习和工作，开拓进取并能与人合作，具有忍耐力等。同时，要在现代化发展的进程中弘扬"不降其志，不辱其身"，"老吾老以及人之老，幼吾幼以及人之幼"，"学而不厌，诲人不倦"，"天行健，君子以自强不息"和"天下兴亡，匹夫有责"的民族精

神，把理想与健康的人格作为人生追求的目标，重塑自我，攀登现代人格的高级境界。

健康人格的标准

（1）和谐的人际关系。

人际关系最能体现一个人人格健康的程度。人格健康的人乐于与他人交往，并与他人建立良好的关系；与人相处时，尊敬、信任等正面态度多于嫉妒、怀疑等消极态度。健康的人常常以诚恳、公平、谦虚、宽容的态度尊重他人，同时也受到他人的尊重与接纳。

（2）良好的社会适应能力。

社会适应能力反映了人与社会的协调程度。人格健康的人能够和社会保持良好密切的接触，以一种开放的态度，主动关心社会，了解社会；在认识社会的同时，使自己的思想、行为跟上时代的发展，与社会的要求相符合，表现出能很快适应新的环境。

（3）正确的自我意识。

自我意识是个体对自己和自己与他人、与周围世界无关的认识。具有健康人格的人对自己有恰如其分的评价，充满自信、扬长避短，在日常生活中能有效地调节自己的行为与环境保持平衡。缺乏正确自我意识的人常常表现出自我冲突、自我矛盾，或者自视清高、妄自尊大，做力所不能及的工作，或者自轻自贱、妄自菲薄，甘愿放弃一切可以努力的机遇。

（4）乐观向上的生活态度。

积极的人生态度是人类在社会实践中获得的本质力量的表现。乐观的人常常能看到生活的光明面，对前途充满希望和信心，对自己所从事的工作或学习抱有浓厚的兴趣，并在其中发挥自身的智慧和能力。即使在遇到困难和挫折时，也能不畏艰险，勇于拼搏。青年学生的主要任务是学习，因而对学习的兴趣如何可以反映出对生

195

活的基本倾向。人格健康的学生对学习怀有浓厚的兴趣，表现出观察敏锐、注意力集中、想象丰富、充满信心、勇于克服困难，通过刻苦、严谨的学习过程，获得学习的满足感和成就感。我们很难相信，对学习和生活缺乏兴趣，整天精神不振的学生的人格是健康的。

（5）良好的情绪调控能力。

情绪标志着人格的成熟程度。人格健康的人情绪反应适应，具有调节和控制情绪的能力，经常保持愉快、满意、开朗的心境，并富有幽默感。当消极情绪出现时能合情合理地宣泄、排解、转移和升华。

健康人格的各个标准都是相关的。"具有体验丰富的情绪并控制情绪表现的人，通常是有能力满足自身基本需要的人，是能紧紧地把握现实的人，是获得健康的自我结构的人，是拥有稳定可靠的人际关系的人"。总之，人格健康的人，其人格的各个方面是统一、平衡的。上述标准不仅是我们衡量一个人人格健康的尺度，同时也为青年朋友们改善自己的人格提供了具体的努力方向。

2. "健全人格完善自我" 主题班会方案

活动背景

改革开放将我国的社会生活推向了崭新的时代，但急剧变革的时代步伐带来了中西文化的碰撞和新旧观念的交锋，许多不良的价值观念、人生态度也伴随着科技文化的引进进入我国校园，使得我国青少年的思想和行为陷入了冲突、困扰，甚至一度出现混乱状态，心理状态的倾斜与失衡普遍，人格"低落"、"缺失"等现象呈现出增长势头。针对这种现象，学校组织以"健全人格，完善自我"为主题的班会，加强学生对不良性格的甄别和改变。

活动目的

从礼仪入手，分析对错，引导学生认识自己，从而达到明辨是非、健全人格的目的。

活动准备

制作一组PPT图片，图片内容为不同人吃喝行走、待人接物时的姿势。另外，要求学生自己准备几个小品，内容为接受长辈/晚辈的礼物、捡起别人掉落的东西、在商场和老师/同学/亲戚长辈打招呼、应同学要求递笔记本/笔/小刀给他等等内容。

活动过程

从"人"的定义来探讨做人的意义

老师先引入柏拉图对于人的定义——无毛之鸡，要求学生谈谈人是什么，如何做人才有意义。——做人要有内涵，不能做光有皮囊的无毛之鸡。

做人如何才有内涵

请学生谈谈人的内涵包括什么？可以提如下问题："你喜欢什么样的同性或者异性朋友？""你喜欢她/他身上的哪一点？""你身上有你喜欢的那种优点吗？""我们说一个人很有气质，你觉得什么才是一个人的气质？你身边的同学或者朋友有这种气质吗？""现在你觉得人的内涵应该包括什么内容？"——礼仪，内涵必备的一点，没有礼仪就无所谓内涵。（在学生回答问题的时候要时时引导学生往礼仪上去想）

学习礼仪，做个有礼貌的人

（1）通过PPT展示一组图片，图片内容为不同人吃喝行走、待人接物时的姿势。请学生针对图片中展示的内容谈谈哪些是对的，哪些是错的。并要学生指出自己身上是否存在与图片相同的情况，今后该怎么做？

（2）要求学生演示几个场景：接受长辈/晚辈的礼物、捡起别人掉落的东西、在商场和老师/同学/亲戚长辈打招呼、应同学要求递笔记本/笔/小刀给他等等。老师针对学生的表演指出其中的不足，讲解正确的做法。

（3）通过 PPT 展示一组正确的礼仪习惯的图片，看完图片，问学生是否有信心也做到这些。

认识自己、正确定位自己

骄傲的孔雀对于自己的容貌特别是尾巴上的羽毛有着极大的自信，有一天她故作谦虚地走进鸟群，问一只麻雀："亲爱的麻雀，我最漂亮的时候是什么时候？我最丑的时候又是什么时候？"麻雀想了想就跟孔雀说："你最漂亮的时候是开屏的时候，你最丑的时候也是开屏的时候。"孔雀不解，于是问麻雀为什么。（请同学猜猜麻雀的回答）麻雀说："因为你在开屏的时候把屁股也露出来了，尽管开屏的时候很漂亮，但这也是你最丑的时候。"（请同学谈谈这个故事想要表达的道理）这个故事告诉我们要正确的认识自己，因为往往在你自认为最帅，最得意的时候，也许你就将你最丑陋的一面展示给别人看了，俗话说得意忘形，应该就是这样，所以大家对于自己应该要有清醒的认识。

活动反思

本次活动，通过学习有关礼仪的知识和许多做人的道理，希望学生能够真正地认识到健全人格的道理，并且付之于实践，使大家以后都成为受欢迎的人。但这样的活动仅仅一次两次是不够的，班级还应该长期坚持，并引导学生在实践中加以运用，只有这样，才能扭转当前学生人格"低落"、"缺失"的现象。